성장하는 그리스도인을 위한
5주 기초 양육 교재

영적 성장의 첫걸음

영적 성장의 첫걸음(인도자용)

1쇄 발행 2021년 11월 15일

지은이   양승언
펴낸이   고종율

펴낸곳   주) 도서출판 디모데 <파이디온선교회 출판 사역 기관>
등록   2005년 6월 16일 제 319 - 2005 - 24호
주소   서울특별시 서초구 서초대로 141-25(방배동, 세일빌딩)
전화   마케팅실 070) 4018-4141
팩스   마케팅실 031) 902-7795
홈페이지 www.timothybook.com

값 10,000원
ISBN   978-89-388-1680-1   04230
ISBN   978-89-388-1679-5   04230 (SET)
ⓒ 주) 도서출판 디모데 2021 <Printed in Korea>

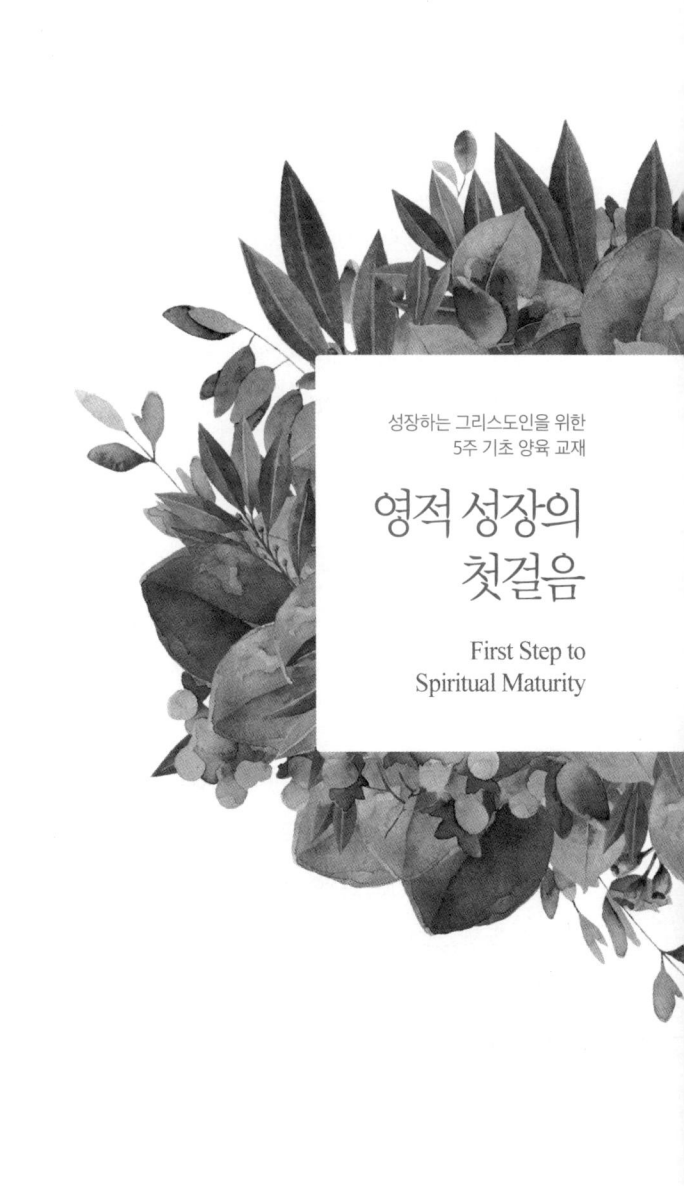

성장하는 그리스도인을 위한
5주 기초 양육 교재

영적 성장의 첫걸음

First Step to
Spiritual Maturity

머리말

영적 성장은 예수님을 믿고 따르는 모든 성도에게 자연스럽고 마땅한 것입니다. 그리스도인으로 태어났다면 성장의 과정은 반드시 일어납니다. 믿는다는 것은 예수 그리스도의 장성한 분량에 이르기까지 그분을 닮아가는 것이고 그분이 걸어간 길을 따라 걷는 것입니다.

예수님을 닮아가는 성장은 과정이 필요합니다. 어느 날 한순간에 갑자기 이루어지는 것이 아닙니다. 신속하게 이루어지지도 않고, 쉽지 않을 때도 있습니다. 모든 성장에는 고통과 시련이 있기 마련입니다. 그러나 힘들고 어렵다고 해서 성장을 포기해서는 안 됩니다.

멀고 긴 여행일수록 첫걸음이 중요합니다. '첫걸음'은 어떤 일을 시작하는 맨 처음, 목적지를 향하여 처음 내디디는 걸음을 의미합니다. 영적 성장에도 첫걸음을 어떻게 떼느냐가 중요합니다. 예수님을 자신의 구주와 주로 영접하고, 신앙생활의 첫걸음을 내딛으려는 새신자들에게도 첫걸음을 어떻게 떼는지가 중요합니다. 또한 신앙의 연수는 오래되었지만 늘 같은 모습으로 정체되어 있다가 새롭게 발걸음을 내딛는 명목상 신자들에게도 신앙의 기초를 다시 다지는 일이 중요합니다.

이 교재는 이렇게 영적 순례의 길에 들어서서 첫걸음을 내딛는 분들에게 도움을 주기 위해 마련되었습니다. 아직 신앙의 초보이거나 영적 가장자리에 머물고 있는 분들에게 영적 성장의 가장 기본적인 틀을 잡아줄 수 있도록 준비했습니다. 신앙의 초보 단계인 분들도 이해하기 쉽도록 짧고 쉽게 글을 썼습니다.

기본적으로 소그룹에서 귀납법적 성경 연구 방식으로 토론할 수 있도록 구성했지만, 인도자가 강의하는 형태로 활용해도 좋습니다. 이 교재로 진행하는 양육 과정에 참여하다 보면, 자연스럽게 삶에 변화가 일어나는 것을 보고 영적 성숙을 경험하게 될 것입니다.

영적 성장은 한 개인의 일만이 아닙니다. 그리스도의 몸 된 교회의 모든 지체에게 요구되는 공동체적인 일입니다. 이 과정에 참여한 한 사람 한 사람이 영적 성장을 이루어갈 수 있도록 믿음의 형제자매들이 함께 기도하며 서로를 격려하는 가운데 5주의 과정에 참여한다면 믿음의 기초가 든든히 세워지고, 더욱 성숙한 신앙의 자리로 나아갈 수 있을 것입니다.

제자훈련연구소
대표 김 명 호

CONTENT

머리말	004
영적 성장의 첫걸음 개관	008

1과
민음으로 초대하시는
하나님

이야기 하나, **탕자**
누가복음 15장 11-24절

011

2과
말씀하시는
하나님

이야기 둘, **아브라함**
창세기 12장 1-5절

041

3과
우리를 도우시는
하나님

이야기 셋, **엘리야**
열왕기상 18장 41-46절

073

4과
함께 일하시는
하나님

이야기 넷, **모세**
출애굽기 17장 8-16절

105

5과
세상으로 보내시는
하나님

이야기 다섯, **다니엘**
다니엘 1장 8-20절

137

영적 성장의 첫걸음 개관

1과 _ 믿음으로 초대하시는 하나님

이 과에서는 성경의 유명한 이야기 가운데 하나인 탕자의 비유를 중심으로 믿음에 대해 배웁니다. 예수님을 믿기 전의 인간은 어떤 상태였는지, 믿음을 구성하는 두 가지 요소는 무엇인지 그리고 하나님이 믿는 자에게 어떤 은혜와 축복을 주시는지에 대해 다룹니다. 이를 통해 각자 걸어온 믿음의 여정을 돌아보고, 구원의 확신을 점검하며 구원의 기쁨과 감격을 회복하는 시간이 될 것입니다.

2과 _ 말씀하시는 하나님

이 과에서는 믿음의 조상으로 알려진 아브라함의 이야기를 중심으로, 영적 성장과 성숙의 뿌리인 하나님의 말씀에 대해 배웁니다. 말씀과 믿음은 어떤 관계를 갖는지, 말씀에 순종해야 하는 이유와 순종이 가져다주는 유익은 무엇인지 그리고 어떤 마음과 태도로 말씀을 대해야 하는지에 대해 다룹니다. 이를 통해 하나님의 말씀을 더욱 신뢰하고 사랑하며, 배우기를 힘쓰는 그리스도인이 되는 시간이 될 것입니다.

3과 _ 우리를 도우시는 하나님

기도는 신앙생활의 한 요소라기보다 신앙의 본질이자 핵심이라고 할 수 있습니다. 이 과에서는 갈멜산에서 기도하는 엘리야의 이야기를 중심으로 기도에 대해 배웁니다. 우리가 기도 응답을 확신하며 기도할 수 있는 근거는 무엇인지, 바른 기도의 내용은 무엇인지 그리고 어떤 태도와 자세로 기도해야 하는지에 대해 다룹니다. 이를 통해 기도에 대해 배우고 실제로 기도하는 그리스도인으로 성장하는 시간이 될 것입니다.

4과 _ 함께 일하시는 하나님

공동체는 하나님이 우리에게 주신 선물이자, 우리의 실패에 대한 하나님의 대안입니다. 이 과에서는 아멜렉과의 전쟁을 위해 기도하는 모세의 이야기를 중심으로 공동체의 가치에 대해 배웁니다. 세상에서 경험하는 영적 전투를 어떻게 바라보아야 할지, 하나님이 공동체를 주신 이유와 공동체의 역할이 무엇인지 그리고 세상과 다른 교회 공동체만의 특징과 승리에 대한 확신에 대해 다룹니다. 이를 통해 교회 공동체의 소중함에 대해 배우고 공동체를 더욱 사랑하고 섬기는 그리스도인으로 성숙해지는 시간이 될 것입니다.

5과 _ 세상으로 보내시는 하나님

하나님은 우리가 예수님을 믿는 순간에 우리를 천국으로 데려가지 않으시고 이 땅에 남겨두셨습니다. 이 과에서는 다니엘의 이야기를 중심으로 세상 속에서 그리스도인으로서 어떻게 살아야 하는지에 대해 배웁니다. 세상 속에서 그리스도인으로서 우리가 가져야 할 정체성은 무엇인지, 그리스도인으로서 어떻게 구별된 삶을 살 수 있을지 그리고 소명자로서 가져야 할 확신은 무엇인지에 대해 다룹니다. 이를 통해 세상 속에서 빛과 소금의 역할을 감당하는 영향력 있는 그리스도인으로 세워지는 시간이 될 것입니다.

1과

믿음으로 초대하시는 하나님

1과
믿음으로 초대하시는 하나님

주제 성구 요한복음 14장 6절

"예수께서 이르시되 내가 곧 길이요 진리요 생명이니
나로 말미암지 않고는 아버지께로 올 자가 없느니라."

다루는 내용

- 예수님을 믿기 전의 인간의 형편에 대해 살펴본다(1-3번).
- 믿음을 구성하는 두 가지 요소에 대해 배운다(4-5번).
- 하나님이 믿는 자에게 주시는 은혜와 축복을 깨닫게 된다(6-9번).

이야기 하나, 탕자

누가복음 15장 11-24절

11 또 이르시되 어떤 사람에게 두 아들이 있는데
12 그 둘째가 아버지에게 말하되 아버지여 재산 중에서 내게 돌아올 분깃을 내게 주소서 하는지라 아버지가 그 살림을 각각 나눠 주었더니
13 그 후 며칠이 안 되어 둘째 아들이 재물을 다 모아 가지고 먼 나라에 가 거기서 허랑방탕하여 그 재산을 낭비하더니
14 다 없앤 후 그 나라에 크게 흉년이 들어 그가 비로소 궁핍한지라
15 가서 그 나라 백성 중 한 사람에게 붙여 사니 그가 그를 들로 보내어 돼지를 치게 하였는데
16 그가 돼지 먹는 쥐엄 열매로 배를 채우고자 하되 주는 자가 없는지라
17 이에 스스로 돌이켜 이르되 내 아버지에게는 양식이 풍족한 품꾼이 얼마나 많은가 나는 여기서 주려 죽는구나
18 내가 일어나 아버지께 가서 이르기를 아버지 내가 하늘과 아버지께 죄를 지었사오니
19 지금부터는 아버지의 아들이라 일컬음을 감당하지 못하겠나이다 나를 품꾼의 하나로 보소서 하리라 하고
20 이에 일어나서 아버지께로 돌아가니라 아직도 거리가 먼데 아버지가 그를 보고 측은히 여겨 달려가 목을 안고 입을 맞추니
21 아들이 이르되 아버지 내가 하늘과 아버지께 죄를 지었사오니 지금부터는 아버지의 아들이라 일컬음을 감당하지 못하겠나이다 하나
22 아버지는 종들에게 이르되 제일 좋은 옷을 내어다가 입히고 손에 가락지를 끼우고

발에 신을 신기라
23 그리고 살진 송아지를 끌어다가 잡으라 우리가 먹고 즐기자
24 이 내 아들은 죽었다가 다시 살아났으며 내가 잃었다가 다시 얻었노라 하니 그들이 즐거워하더라

아이스브레이크 †인생 되돌아보기

준비물: A4 용지, 붙임쪽지(접착식 메모지), 필기구

자신의 삶에 깊은 영향을 주었던 인물, 사건, 경험을 붙임쪽지에 적는다(1장당 하나씩). 붙임쪽지를 준비된 A4 용지에 시간 순서대로 붙인다. 이때 용지의 중심선을 기준 삼아 긍정적인 사건은 위쪽에, 부정적인 사건은 아래쪽에 붙인다. 그리고 붙임쪽지를 보며 소그룹일 경우에는 한 명씩 돌아가면서, 대그룹일 경우에는 두 사람씩 짝을 지어 자신의 인생 이야기를 들려준다.

자신의 인생 여정을 돌아보는 작업은 매우 중요하다. 이를 통해 우리는 자신이 어디를 향해 가고 있는지 발견할 수 있기 때문이다. 오늘은 탕자의 비유를 통해 우리 자신의 인생 여정, 특히 영적인 여정에 대해 되돌아보게 될 것이다. 이를 통해 우리의 믿음에 대해 점검해 보자.

마음의 문을 열며

오늘은 성경의 유명한 이야기 가운데 하나인 '탕자의 비유'를 배우게 됩니다. 이 이야기가 많은 사람의 사랑을 받아온 이유는 비유에 등장하는 탕자에게서 우리의 모습을 발견할 수 있기 때문입니다. 다르게 말하면 탕자는 인간이 어떤 존재인지를 대변하며 인간이 느끼는 고민과 갈증, 아픔을 잘 담고 있는 인물 중 한 명입니다. 이 시간에는 탕자의 비유를 통해 믿음에 대해 배워보고자 합니다. 비유의 한 장면, 한 장면을 주의 깊게 살피며 자신의 모습에 비추어본다면 말씀을 통해 받는 은혜가 더욱 클 것입니다.

🔊 오늘은 무엇에 대해 배우게 되는가?

오늘은 예수님이 비유로 들려주신 '탕자'라는 사람의 이야기를 배우게 된다. 탕자의 비유에 대해 들어본 적이 있는가? 아마도 신앙생활을 해왔던 사람이라면 탕자의 비유는 한 번쯤 들어보았을 것이다. 그만큼 탕자의 비유는 많은 사람에게 사랑을 받아온 이야기다. 그럼 이렇게 탕자의 비유가 사랑을 받은 이유는 무엇일까? 아마도 그것은 이야기 속 탕자의 모습에서 우리 자신의 모습을 볼 수 있기 때문일 것이다. 특히 탕자가 걸었던 여정은 믿음의 여정을 떠나는 우리 모두의 자화상이라고 할 수 있다. 이 시간에는 탕자의 비유를 통해, 그가 걸었던 여정을 하나하나 살피면서 각자의 믿음에 대해 한번 점검해 보도록 하자.

말씀의 씨를 뿌리며

믿음의 출발

🔊 이 단락에서는 믿음의 출발에 대해 배우게 된다. 믿음은 어디서부터 시작될까? 믿음은 하나님이 없는 삶에 대한 인식에서 시작된다. 하나님이 없는 삶이 얼마나 비참하고 허무한지 깨닫게 될 때, 우리는 하나님 앞에 나갈 수 있기 때문이다.

<u>1</u> 어느 날 둘째 아들은 아버지를 찾아와 뜻밖의 요청을 하게 됩니다. 둘째 아들의 요청은 무엇이며, 그가 이런 요청을 한 이유는 무엇이라고 생각하십니까? (11-12절)

> ¹¹ 또 이르시되 어떤 사람에게 두 아들이 있는데 ¹² 그 둘째가 아버지에게 말하되 아버지여 재산 중에서 내게 돌아올 분깃을 내게 주소서 하는지라 아버지가 그 살림을 각각 나눠 주었더니

🔊 11-12절에서는 무엇이라고 말하는가?

탕자의 비유는 두 아들을 둔 아버지로부터 시작된다. 어느 날 둘째 아들이 아버지에게 찾아와서 아버지의 재산 중에서 자신에게 물려줄 부분을 미리 달라고 요청한다. 둘째 아들의 요구를 들은 아버지의 심정은 어땠을

까? 당시 유대 사회에서 유산 상속은 아버지가 죽은 후에 진행되는 것이 일반적이었다. 따라서 아버지 생전에 유산 상속을 요구하는 것은 매우 무례한 요구였다. 이 요구는 마치 아버지가 죽었다고 여기며, 아버지와 아들의 관계를 끊겠다는 통보와도 같았다. 또한 유대 사회는 명예를 매우 소중히 여겼으므로 아들에게 이런 요구를 듣는 것은 매우 큰 불명예며, 이 요구는 공동체 가운데 용납할 수 없는 심각한 불효와 잘못으로 여겨졌을 것이다. 둘째 아들의 요구를 들은 아버지는 상심이 컸을 것이다. 그런데 놀라운 점은 이 아버지의 반응이다. 아버지는 둘째 아들의 요구를 받아들여 자신의 재산을 나눠주게 된다.

🔊 재산을 물려받은 둘째 아들이 어떻게 행했는지 2번 문제를 통해 계속 살펴보자.

---

2 둘째 아들은 아버지에게 찾아와 유산을 상속해 달라고 요청합니다. 당시에 유산 상속은 아버지 사후에나 가능했습니다. 따라서 둘째 아들의 요구는 매우 무례한 것입니다. 그런데도 아버지는 둘째 아들의 요구를 들어줍니다. 재산을 물려받은 둘째 아들은 아버지를 떠나 먼 곳으로 가서 자기 뜻대로 살아가고자 했습니다. 그 결과는 어떠했습니까? (13-17절)

> 13 그 후 며칠이 안 되어 둘째 아들이 재물을 다 모아 가지고 먼 나라에 가 거기서 허랑방탕하여 그 재산을 낭비하더니 14 다 없앤 후 그 나라에 크게 흉년이 들어 그가 비로소 궁핍한지라 15 가서 그 나라 백성 중 한 사람에게 붙여 사니 그가 그를 들로 보내어 돼지를 치게 하였는데 16 그가 돼지 먹는 쥐엄 열매로 배를 채우고자 하되 주는 자가 없는지라 17 이에 스스로 돌이켜 이르되 내 아버지에게는 양식이 풍족한 품꾼이 얼마나 많은가 나는 여기서 주려 죽는구나

🔊 13-17절에서는 무엇이라고 말하고 있는가?

재산을 상속받은 둘째 아들은 며칠이 되지 않아 물려받은 재산을 다 모아서 먼 나라로 가게 된다. 여기서 '먼 나라'는 물리적인 거리를 뜻하기도 하지만, 심리적인 면에서도 아버지에게서 멀어지려는 아들의 모습이 담긴 단어이기도 하다. 먼 나라로 간 둘째 아들은 그곳에서 허랑방탕하게 지내며 재산을 낭비하게 된다. 결국 둘째 아들은 모든 것을 탕진하고 극심한 빈곤과 궁핍을 경험하게 된다. 심지어 먹을 것이 없어서 돼지들이 먹는 열매를 먹고자 했다. 당시 유대인들은 돼지를 부정한 동물로 보았기 때문에 가까이하지 않았다. 부정한 동물을 가까이하면 자신도 부정해진다고 여겼기 때문이다. 둘째 아들이 돼지가 먹는 열매를 먹으려고 했다는 것은 유대인의 정체성을 잃었을 뿐만 아니라, 그만큼 죄나 잘못에 대해 둔감해졌음을 보여주는 것이다. 아버지를 떠난 둘째 아들은 물질뿐만 아니라 정서적, 영적으로도 완전히 피폐해져 있음을 보여준다. 둘째 아들은 아버지의 간섭 없이 홀로 자신의 인생을 즐기며 살고자 했다. 하지만 그는 아버지 집을 떠난 결과로 그곳에서 주려 죽게 되었다고 스스로 한탄하고 있다.

🔊 그런데 이런 둘째 아들의 모습은 절대 낯설지 않다. 3번 문제를 보자.

3 둘째 아들은 아버지 없이 마음껏 인생을 즐기며 살았지만, 결국 그의 손에 남은 것은 아무것도 없었습니다. 아버지를 떠난 둘째 아들의 모습은 하나님이 없는 인생의 단면을 보여준다고 말할 수 있습니다. 당신은 하나님이 없는 삶의 허무함과 비참함에 대해 느낀 적이 있습니까?

🔊 각자 이야기를 나누어보라.

인간은 원래 하나님과 함께 지내도록 지음 받았다. 그런데 인간은 하나님을 떠나 살기를 원했다. 그렇다면 하나님을 떠난 결과는 어땠을까? 이에 대한 판단은 각자 다를 것이다. 어떤 사람은 탕자처럼 하나님이 없는 삶의 비참함과 허무함을 깨닫고, 하나님께 돌아가고자 할 것이다. 반대로 어떤 사람은 여전히 하나님이 없는 삶에 만족하며 하나님 없이 살아가고자 할 것이다. 줄기에서 꽃을 꺾어보라. 잠시 동안 꽃은 여전히 아름답고 향기롭다. 왜냐하면 뿌리로부터 받은 영양분이 남아 있기 때문이다. 하지만 시간이 지나면 꺾인 꽃은 어떻게 되는가? 점점 시들해지고 말라버리게 된다. 하나님이 없는 삶도 마찬가지다. 당장은 삶이 안락하고 즐겁게 느껴질지 모른다. 하지만 언젠가 시들어버린 꽃처럼 삶의 기쁨과 평안이 사라지게 될 것이다. 우리는 자유가 아무런 구속이 없는 상태라고 생각하기 쉽다. 과연 그럴까? 물고기가 물에 있을 때 자유로운가? 아니면 물 밖에 있을 때 자유로운가? 물속에 머물며 물에 구속되었다고 생각하여 물 밖으로 나오면 어떻게 되겠는가? 참된 자유는 바른 구속 안에서 누릴 수 있는 것이다. 인간은 하나님 안에 있을 때 참된 자유와 평안을 누릴 수 있다.

톨스토이라는 작가를 알 것이다. 젊은 날의 톨스토이는 기독교를 인류를 억압하는 하나의 종교 시스템이라고 오해했다. 그는 기독교를 자유를 억압하는 짐으로 여기며 긴 시간 동안 신앙을 떠나 있었다. 그러나 그의 나이 55세가 되던 해, 그는 다시 예수 그리스도를 인격적으로 만나고, 마음의 참 안식을 얻게 된다. 그는 자신의 책 『신앙론』에 이렇게 썼다.

"나는 55년 동안 최초 15년의 소년기를 제외하고는 안식을 누리지 못하고 살아왔다. 내 나이 18세가 되던 해, 친구가 내게 찾아와 신이 인간을 만든 것이 아니라 인간이 신을 만든 것이라고 말했다. 이 말에 설득된 나는 어릴 적부터 그리스도를 믿던 신앙을 떠났다. 나는 종교를 포기하는 것이 자유를 얻는 길이라고 생각했다. 나에게 종교는 속박으로만 여겨졌다. 그러나 이제 내 나이 55세, 나는 내가 스스로 버린 어머니 같은 신앙의 품으로 돌아왔다. 나는 단순히 종교로 돌아온 것이 아니다. 나의 구주인 그리스도에게로 돌아온 것이다. 그 안에서 나는 처음으로 참된 안식을 발견한 것이다."

톨스토이는 하나님을 떠나 참된 안식을 발견할 수 없었다고 말한다. 믿음이란 무엇일까? 믿음은 하나님이 없는 삶의 비참함과 허무함을 깨닫는 데서 출발한다. 하나님 없이는 아무것도 할 수 없는 존재임을 인정할 때 우리는 하나님께 돌아갈 수 있기 때문이다. 당신은 하나님이 없는 삶에 대해 어떻게 생각하는가? 하나님이 없는 삶의 비참함과 허무함에 대해 실제로 느껴본 적이 있다면 함께 나누어보라.

🔊 아버지를 떠난 삶의 비참함을 깨달은 둘째 아들은 어떤 결심을 하게 되는가? 4번 문제를 통해 살펴보자.

믿음의 요소

4 아버지를 떠나 먼 나라로 간 둘째 아들은 상속받은 재산을 탕진한 후 극심한 빈곤과 궁핍에 처하게 됩니다. 그러자 둘째 아들은 어떤 선택을 하게 됩니까? 여기서 우리가 발견할 수 있는 믿음의 두 가지 요소는 무엇일까요?
(17-20절a, 참고 로마서 10:9-10)

> 17 이에 스스로 돌이켜 이르되 내 아버지에게는 양식이 풍족한 품꾼이 얼마나 많은가 나는 여기서 주려 죽는구나 18 내가 일어나 아버지께 가서 이르기를 아버지 내가 하늘과 아버지께 죄를 지었사오니 19 지금부터는 아버지의 아들이라 일컬음을 감당하지 못하겠나이다 나를 품꾼의 하나로 보소서 하리라 하고 20 이에 일어나서 아버지께로 돌아가니라 …

🔊 17-20a절에서는 무엇이라고 말하는가?

둘째 아들은 우선 스스로 돌이켰다고 말한다. 그는 자기 잘못을 스스로 인정했다. 그는 하늘과 아버지께 죄를 지었다고 말한다. 이 말은 우리가 범하는 잘못의 특징을 잘 드러낸다. 우리가 범하는 잘못은 대상자인 인간뿐만 아니라 하나님에 대한 것이기도 하다. 왜인가? 멋진 작품이 하나 있다고 가정해 보라. 의도적으로 이 작품을 훼손했다면, 이는 작품을 소유한 사람에 대한 잘못과 더불어 이 작품을 만든 작가에 대한 모독이기도 하다. 아버지에게 그가 범한 잘못은 아버지와 더불어 아버지를 허락하신 하나님에 대한 잘못이다. 둘째 아들은 진심으로 자신의 잘못을 뉘우친 것이다. 그는 자신이 더는 아버지의 아들로서 자격이 없기에 품꾼 중 하나로 받아만 주어도 감사하다고 고백한다. 그는 자신의 행위에 기반한 자격을 주장하는 것이 아니라, 아버지의 자비를 겸손히 구하고 있는 것이다. 또한 둘째 아들은 진심으로 자신의 잘못을 뉘우쳤을 뿐만 아니라, 일어나서 아버지에게로 돌아갔다. 아버지에게 잘못했다고 깨달았을 뿐만 아니라, 아버지에게 돌아가는 구체적인 행동으로까지 이어진 것이다.

> 참고 **로마서 10:9-10** 9 네가 만일 네 입으로 예수를 주로 시인하며 또 하나님께서 그를 죽은 자 가운데서 살리신 것을 네 마음에 믿으면 구원을 받으리라 10 사람이 마음으로 믿어 의에 이르고 입으로 시인하여 구원에 이르느니라

🔊 로마서 10장 9-10절에서는 무엇이라고 말하는가?

사람이 마음으로 믿어 의에 이르고, 입으로 시인하여 구원에 이른다고 말한다. 마음으로 믿는 것과 더불어, 믿음을 입으로 고백하는 구체적인 행위를 통해 구원에 이르게 되는 것이다. 왜 입으로 시인하는 것이 필요한가? 입으로 고백하지 않는다면 마음이 어떠한지 알 수 없다. 그뿐만 아니라 마음이 진실하다면 행동으로 나타날 수밖에 없기 때문이다. 종종 하나님을 마음으로 믿는다고 하면서 교회에 나오지 않는 사람들이 있다. 하지만 이는 바른 믿음이라고 할 수 없다. 진심으로 하나님을 믿는다면, 하나님 앞에 나오는 행동으로 나타나게 되어 있다.

🔊 믿음은 마음과 행동이라는 두 가지 요소를 모두 포함하고 있어야 한다. 5번 문제를 나누어보라.

---

5 당신의 믿음은 마음과 행동이라는 두 가지 요소가 균형 잡혀 있습니까?

🔊 각자 이야기를 나누어보라.

마음과 행동 가운데 부족한 점이 있다면 무엇인지 나누어보라. 물론 마음과 행동은 분리되어 있지 않다. 진실한 마음은 행동으로 나타날 수밖에 없고, 마음이 없는 행동은 공허하고 지속될 수가 없다. 따라서 마음과 행동은 함께 성장하게 된다. 다만 마음이 없더라도 행동으로 옮기다 보면, 마음도 생기고 하나님이 주시는 은혜도 맛보게 된다. 예를 들어 예배를 드릴 마음의 준비가 되지 않았는데도 예배에 참석하다 보면, 하나님이 주시는 은혜로 예배의 감격에 빠지는 예가 있다.

🔊 집으로 돌아온 둘째 아들을 아버지가 어떻게 맞아주었는지 6번 문제를 통해 살펴보자.

믿음의 결과

6 둘째 아들은 자신에게 아들의 자격이 없다고 생각합니다. 그저 일꾼 중 한 명처럼 대우받길 기대하며 고향으로 돌아갑니다. 둘째 아들이 돌아오자 아버지는 어떤 반응을 보였습니까? 이런 아버지의 반응이 놀라운 이유는 무엇일까요? (20b-23절)

> 20 … 아직도 거리가 먼데 아버지가 그를 보고 측은히 여겨 달려가 목을 안고 입을 맞추니 21 아들이 이르되 아버지 내가 하늘과 아버지께 죄를 지었사오니 지금부터는 아버지의 아들이라 일컬음을 감당하지 못하겠나이다 하나 22 아버지는 종들에게 이르되 제일 좋은 옷을 내어다가 입히고 손에 가락지를 끼우고 발에 신을 신기라 23 그리고 살진 송아지를 끌어다가 잡으라 우리가 먹고 즐기자

🔊 20b-23절에서는 무엇이라고 말하는가?

우선 아직 거리가 멀리 떨어져 있는데도 아버지는 둘째 아들을 보았다고 말한다. 어떻게 멀리 떨어진 거리에서도 아버지는 아들을 볼 수 있었을까? 아마도 아버지는 둘째 아들이 집을 나간 이후로 늘 마을 어귀에 나와 아들을 기다렸던 것 같다. 그렇기 때문에 아들이 집에 도착하기도 전에 아버지는 아들을 보게 된 것이다. 아들을 본 아버지는 아들에게 달려가 입을 맞추며 그를 환영한다.

아버지를 만난 아들은 자신이 하늘과 아버지에게 죄를 지어 아버지의 아들이라는 일컬음을 감당하지 못하겠다고 말한다. 아들은 자신이 얼마나 큰 잘못을 했는지 알고 있었다. 이제 자신은 아들의 자격을 잃었음도 알

고 있었다. 실제로 당시에는 이런 죄를 범한 아들은 마을 공동체에 들어갈 수 없었고, 마을 밖에서 거주하며 품꾼으로 일할 수는 있었다.

아들의 말을 들은 아버지의 심정은 어땠을까? 물론 비정한 아버지라면 당연하다고 여겼을 것이다. 하지만 은혜로운 아버지라면 가슴이 아팠을 것이다. 아버지라고 부르지 못하겠다는 아들의 모습을 보고 이런 비극이 자신의 가정에 임한 것을 크게 슬퍼했을 것이다.

아들의 말을 들은 아버지는 아들에게 제일 좋은 옷을 입히고, 손에 가락지를 끼우고, 발에 신을 신기라고 명령한다. 이는 아들의 자격을 회복시켜 준 것이다. 은혜로운 아버지는 아들이 잘못을 저질렀지만, 회개하고 자신에게 돌아오자 그를 다시 아들로 받아준 것이다. 나아가 살진 송아지를 잡아 함께 먹고 즐기자고 말한다. 아들의 자격을 회복시켜 주었을 뿐만 아니라, 실제로 과거처럼 자기 집에 들어와 함께 먹고 마시며 지낼 수 있도록 허락한 것이다.

2002년에 개봉한 <공공의 적>이라는 영화가 있다. 이 영화에는 악당이 등장하는데, 이 악당은 보험금을 타기 위해 자기 부모를 죽인다. 그런데 이 과정에서 악당의 손톱이 깨져 바닥에 떨어지게 된다. 그러자 악당의 어머니는 죽어가면서도 아들의 손톱을 삼킨다. 비록 아들이 복면을 쓰고 부모를 죽였지만, 어머니는 아들임을 알고 아들의 범죄 사실을 숨기기 위해 그 손톱을 삼킨 것이다. 이 영화를 보면서 자식을 향한 부모의 사랑과 우리를 향한 아버지 되신 하나님의 마음에 대해 생각해 볼 수 있었다. 그날의 아버지는 둘째 아들이 돌아오자 어떤 것도 요구하지 않고 그를 다시 아들로 받아주며 기뻐한 것이다.

🔊 비유에 등장하는 아버지처럼 하나님도 자신에게 돌아오는 사람들을 맞아주신다. 어떻게 맞이하시는지 7번 문제를 통해 살펴보자.

7 자격 없는 자에게 값없이 주어지는 것을 은혜라고 부릅니다. 집으로 돌아온 둘째 아들을 맞이하는 아버지처럼, 하나님은 회개하고 돌아오는 사람들을 기쁘게 맞이하십니다. 하나님이 회개하고 돌아오는 사람들에게 주시겠다고 약속하신 것들은 무엇인지 다음의 성경 구절을 가지고 확인해 보십시오. (요한복음 3:16, 요한복음 1:12, 마태복음 7:11)

> **요한복음 3:16** 하나님이 세상을 이처럼 사랑하사 독생자를 주셨으니 이는 그를 믿는 자마다 멸망하지 않고 영생을 얻게 하려 하심이라

🔊 요한복음 3장 16절에서는 무엇이라고 말하는가?

하나님의 아들이신 예수님을 믿는 자마다 멸망하지 않고 영생을 얻게 하려 하신다고 말한다. 예수님을 믿는 자에게 하나님은 영원한 생명을 주시겠다고 약속하신다. 인간은 누구나 한 번은 죽는다. 하지만 죽음은 끝이 아니다. 하나님은 예수님이 죽음을 이기시고 부활하신 것처럼 우리 역시 부활할 것이고, 하나님과 함께 영원히 살게 될 것이라고 약속하신다. 우리는 종종 병원에서 연명 치료를 받는 기업가의 소식을 듣는다. 그가 가진 엄청난 재산도 그를 죽음과 고통으로부터 지켜주지 못하는 것이다. 하지만 믿는 사람은 다르다. 우리에게는 돌아갈 본향이 있다. 죽음 이후에 부활과 영원한 생명이 우리를 기다리고 있다. 이것이 얼마나 큰 복인가.

> **요한복음 1:12** 영접하는 자 곧 그 이름을 믿는 자들에게는 하나님의 자녀가 되는 권세를 주셨으니

🔊 요한복음 1장 12절에서는 무엇이라고 말하는가?

예수님을 믿는 자들에게는 하나님의 자녀가 되는 권세를 주셨다고 말한

다. 하나님을 믿는 자를 자녀로 삼아주시겠다는 약속을 다르게 말하여 자녀가 되는 권세를 주신다고 표현했다. 당신은 어떤가? 하나님의 자녀가 되었다는 사실에서 무엇을 느끼는가? 영화나 드라마를 보면 자주 등장하는 서사 구조가 있다. 온갖 고생을 하는 주인공이 등장한다. 이 주인공의 여러 환경과 여건이 좋아질 가능성은 전혀 없어 보이는 상황 가운데 모든 것을 한 번에 역전시키는 방법이 등장한다. 바로 출생의 비밀이다. 출생의 비밀이 밝혀지는 순간 모든 문제가 해결되는 것을 보게 된다. 남다른 권세를 가진 사람의 자녀가 되는 것만으로도 많은 문제가 해결되는데, 하나님의 자녀가 된다고 생각해 보라. 이것이 얼마나 큰 복인가.

> **마태복음 7:11** 너희가 악한 자라도 좋은 것으로 자식에게 줄 줄 알거든 하물며 하늘에 계신 너희 아버지께서 구하는 자에게 좋은 것으로 주시지 않겠느냐

🔊 마태복음 7장 11절에서는 무엇이라고 말하는가?

아버지 되신 하나님이 자녀 된 믿는 자들에게 좋은 것을 주실 것이라고 약속하신다. 자녀에게 좋은 것을 주고자 하는 마음은 부모가 된 자의 공통된 심정일 것이다. 아무리 악한 자라도 좋은 것을 자녀에게 주고 싶어 한다. 우리의 아버지가 되신 하나님도 마찬가지이시다. 하나님도 자기 자녀들에게 좋은 것을 주시길 원하신다. 2012년에 개봉한 <범죄와의 전쟁>이란 영화에는 악당이 등장한다. 영화에 이 악당이 회갑 잔치를 하는 장면이 나오는데, 깡패나 다름없는 이 악당과 달리 악당의 자녀와 손자들은 모두 번듯한 직업을 가지고 있다. 왜 자신은 온갖 나쁜 짓을 하며 돈과 권력을 누렸으면서, 자녀들에게는 힘든 공부를 시키고 어려운 시험을 보게 할까? 좋은 것을 주고픈 부모의 마음 때문이다. 자녀가 잘되길 바라지 않는 부모가 어디 있겠는가? 특히 자녀가 악당이 되어 사람들에게 욕을 먹고 살기를 바

라는 부모가 어디 있겠는가? 자녀가 평안한 삶을 살기를 바라지만, 동시에 사람들의 존경도 받으며 의미 있는 삶을 살기를 바라는 것이 부모의 마음이다. 아버지 되신 하나님 역시 이런 마음으로 자녀 된 우리를 돌보신다.

🔊 아버지 되신 하나님이 주시는 은혜를 맛보기 위해 필요한 것이 있다. 8번 문제를 보라.

8 아버지가 주는 은혜를 맛보기 위해서 둘째 아들은 아버지의 집으로 돌아가야만 했습니다. 우리도 하나님이 주시는 은혜를 맛보기 위해서는 하나님께 돌아가야 합니다. 그렇다면 어떻게 하나님께 돌아갈 수 있을까요? (요한복음 14:6, 참고 로마서 4:25)

> **요한복음 14:6** 예수께서 이르시되 내가 곧 길이요 진리요 생명이니 나로 말미암지 않고는 아버지께 올 자가 없느니라
>
> **참고 로마서 4:25** 예수는 우리가 범죄한 것 때문에 내줌이 되고 또한 우리를 의롭다 하시기 위하여 살아나셨느니라

🔊 요한복음 14장 6절에서는 무엇이라고 말하는가?

예수님은 자신을 길이요 진리요 생명이라고 말씀하신다. 그럼 왜 예수님은 자신을 길이라고 말씀하셨을까? 그것은 예수님이 하나님께 돌아갈 수 있는 길이 되시기 때문이다. 달리 말하면 예수님 외에는 하나님께 돌아갈 길이 없다. 그럼 어떻게 예수님이 길이 되셨는가? 로마서 4장 25절은 "우리가 범죄한 것 때문에 내줌이 되고 또한 우리를 의롭다 하시기 위하여 살아났다"라고 말한다. 이는 예수님의 죽음과 부활에 대한 설명이다. 예수님

은 왜 십자가에서 죽으셨는가? 우리의 죗값을 대신 치르신 것이다. 오랫동안 동굴에 갇혀 있던 사람이 동굴 밖으로 나와 빛을 본다면 어떻게 될까? 그는 눈이 멀게 되어 더는 보지 못할 것이다. 마찬가지로 죄인인 인간은 하나님 앞에 나갈 수 없다. 그러므로 예수님이 우리를 대신해서 십자가에서 죗값을 치르셨고, 예수님을 믿을 때 우리는 그리스도 안에서 의인으로 새롭게 태어나 하나님 앞에 나갈 수 있게 된다. 예수님이 자신을 길이라고 표현하신 이유도 이 때문이다. 오직 예수님과 예수님에 대한 믿음을 통해 우리는 하나님께 나갈 수 있다. 그뿐만 아니라 하나님이 우리를 자기 자녀로 삼아주신다. 예수님이 우리를 대신해서 죄인의 자리에 서고, 그 대신 우리는 예수님의 자리인 의인의 자리, 하나님 자녀의 자리에 서게 되는 것이다. 존 스토트는 이렇게 말한다. "자리바꿈의 개념은 죄와 구원 모두의 핵심에 있다고 말할 수 있다. 죄의 본질은 인간이 스스로 하나님을 대신하는 것이다. 반면 구원의 본질은 하나님이 인간을 대신하는 것이기 때문이다. 인간은 하나님을 대적하여 자기를 주장하고, 하나님께만 합당한 곳에 자신을 둔다. 하나님은 인간을 위해 자신을 희생하시고, 인간에게만 합당한 곳에 자신을 두신다. 인간은 오직 하나님께만 속한 특권을 주장한다. 하나님은 인간에게만 속한 형벌을 받아들이신다."

🔊 당신은 어떤가? 우리가 받은 사랑이 얼마나 값지고 놀라운 것인지 알고 있는가? 9번 문제를 보라.

9 집으로 돌아온 둘째 아들을 본 아버지는 기뻐하고 즐거워하며 온갖 좋은 것들로 아들을 맞이합니다. 이런 아버지의 모습을 본 둘째 아들은 어떤 심정이었을지 생각해 보십시오. 당신도 믿는 순간 자녀로 삼아주신 하나님의 은혜에 대한 감격과 감사가 있습니까? (24절)

> 24 이 내 아들은 죽었다가 다시 살아났으며 내가 잃었다가 다시 얻었노라 하니 그들이 즐거워하더라

🔊 각자 이야기를 나누어보라.

우리 가운데 하나님의 자녀가 되었다는 은혜로 인한 감격과 감사가 넘치는 사람도 있을 것이다. 하지만 그렇지 않은 사람도 있을 것이다. 그렇다면 왜 이런 감격과 감사가 없는 것인가? 여러 이유가 있겠지만, 중요한 이유 중 하나는 무지 때문이다. 우리가 받은 사랑이 얼마나 큰지, 하나님의 자녀가 되었다는 것이 얼마나 놀라운 특권인지 모르기 때문에 감사와 감격이 없는 것이다. 둘째 아들은 아버지가 자신을 아들로서 맞아주었을 때 얼마나 기뻤겠는가? 성경은 그들이 즐거워했다고 말한다. 왜 기뻤을까? 자신이 아버지에게 얼마나 큰 잘못을 저질렀는지와 아들의 자격이 없음을 철저히 깨달았기 때문이다. 그리고 자신이 얻은 것들이 얼마나 값지고 소중한지를 아버지를 떠난 시간을 통해 깨달았기 때문이다. 또 자신을 용서한 아버지의 사랑이 얼마나 놀라운지 깨달았기에 기뻐했다. 우리가 오늘 이 과를 배운 이유도 이러한 이유 때문이다. 우리 중에는 오늘 우리가 배운 내용에 대해 익히 들어 이미 안다고 생각하는 사람이 있을 것이다. 그런데 진짜로 안다면 우리 삶에 감격과 감사가 넘쳐야 정상이다. 만약 내 삶에 감사와 감격이 없다면 우리는 알지 못하는 것이다. 이것이 계속해서 하나님과 하나님의 사랑에 대해 배우고 알아가야 하는 이유이기도 하다.

🔊 '삶의 열매를 거두며'를 보라.

삶의 열매를 거두며

둘째 아들은 긴 여정을 마치고 집으로 돌아왔습니다. 믿음이란 둘째 아들이 걸어온 여정과도 같습니다. 당신은 지금 믿음의 여정 가운데 어디에 서 있다고 생각하십니까? 아버지 집을 떠나 먼 나라로 떠나고 있습니까? 먼 나라에서 세월을 보내고 있습니까? 아버지 집으로 돌아가려고 준비하고 있습니까? 아니면 집에 돌아와 아버지와 함께 기뻐하며 즐거워하고 있습니까?

🔊 각자 자신의 영적인 현주소가 어디인지 점검해 보라.

서두에서 말한 바와 같이 우리의 신앙 여정이 어디쯤 와 있는지를 점검하는 일은 매우 중요하다. 앞으로 어디를 향해 가야 할지에 대해 알 수 있기 때문이다. 자신의 영적인 상태, 특히 자신의 믿음에 대해 정직히 돌아보는 시간을 갖도록 하라. 이때 중요한 것은 현재 자신의 영적인 상태가 아니다. 왜냐하면 하나님께 나가기만 하면, 둘째 아들을 반겨주신 하나님이 우리를 맞이하시고 변화시켜 주실 것이기 때문이다. 따라서 결단이 가장 중요하다. 하나님께 더 가까이 나가기 위해 결단할 수 있도록 인도하고 마무리하도록 하자.

1과 영적 성장 PLUS⁺
첫째 날

신앙 여정의 출발점

러시아의 소설가이자 사상가인 톨스토이는 사실주의 문학의 대가이자 세계의 위대한 작가 중 한 명으로 알려져 있다. 젊은 날 톨스토이는 기독교를 인류를 억압하는 하나의 종교 시스템이라고 오해하였다. 그는 기독교를 인간의 자유를 억압하는 짐으로 여겼고, 오랜 세월 동안 기독교 신앙을 떠나 있었다. 그러다가 그의 나이 55세가 되던 해에 예수 그리스도를 다시 인격적으로 만나게 된다. 그는 자신의 책 『신앙론』에서 이렇게 말했다.

"나는 지난 55년 동안, 처음 15년의 소년기를 제외하고는 안식을 누리지 못하고 살아왔다. 내 나이 18세가 되던 해에 친구가 내게 찾아와 신이 인간을 만든 것이 아니라 인간이 신을 만든 것이라고 말했다. 나는 이 말에 설득되어 어려서부터 믿어왔던 그리스도에 대한 신앙을 떠났다. 나는 종교를 포기하는 것이 자유를 얻는 길이라고 생각했다. 종교는 나에게 속박으로만 다가왔다. 그러나 이제 내 나이 55세, 나는 내가 스스로 버린 어머니와 같은 신앙의 품으로 돌아왔다. 나는 단순히 종교에 돌아온 것이 아니다. 나의 구주인 그리스도께 돌아온 것이다. 그 안에서 나는 처음으로 참된 안식을 발견한 것이다."

인간은 원래 하나님과 함께할 때 참된 안식과 만족을 누리도록 지음 받았다. 이는 마치 물고기와 물의 관계와 같다. 물고기는 물속에 있을 때 참된 자유와 안식을 누릴 수 있다. 만약 물이 자신을 억압한다고 생각하여 물 밖으로 나온다면 어떻게 될까? 물로부터 자유로워질 수는 있지만, 물고기를 기다리는 것은 고통과 죽음 밖에는 없을 것이다. 안타까운 것은 물 밖의 물고기처럼 많은 사람이 하나님을 떠나 참된 기쁨과 안식을 맛보지 못하고 있다는 점이다.

인간은 어디서 참된 안식과 기쁨을 누릴 수 있을까? 인간은 그 내면에서 참된 기쁨과 안식을 발견할 수 없다. 왜냐하면 인간은 피조물이며, 외부로부터 오는 도움이 없이는 스스로 존재할 수도, 기쁨을 만들어낼 수도 없기 때문이다. 그렇기 때문에 수많은 사람이 더 나은 조건과 환경(집, 직장, 배우자, 성취 등)을 좇아 살아가는 것이다. 하지만 참된 안식과 기쁨은 하나님과 바른 관계를 맺을 때만 발견할 수 있다. 그리고 하나님과 바른 관계의 출발점은 바로 톨스토이의 고백처럼 자신이 파산 상태라는 사실을 깨닫는 것에서 시작된다.

톨스토이의 고백에서 무엇을 느끼는가? 인생의 참된 안식과 기쁨을 어디서 발견할 수 있다고 생각하는지 점검해 보라.

1과 영적 성장 PLUS⁺
둘째 날

좋은 시계? 나쁜 시계?

알래스데어 매킨타이어는 책 『덕의 상실』에서 어떤 것의 목적을 알지 못한다면 그것이 좋은지 나쁜지를 결코 결정할 수 없다고 주장한다. 예를 들어 어떤 시계가 좋은 시계인지, 나쁜 시계인지를 어떻게 구별할 수 있을까? 시계로 못을 박으려고 하다가 시계가 부서졌다고 가정해 보자. 만약 시계로 못이 박히지 않는다고 해서 그 시계를 '나쁜 시계'로 규정짓는다면 어떻게 될까? 못을 박지 못하는 시계는 나쁜 시계가 아니다. 왜냐하면 못을 박는 것은 시계의 목적이 아니기 때문이다. 시계는 시간을 알려주는 것이 목적이며, 그 목적에 따라 평가되어야 한다.

인생도 마찬가지다. 우리가 지음 받은 목적을 알아야 한다. 목적을 알아야 어떻게 사는 것이 바람직한지 깨달을 수 있다. 안타까운 점은 많은 사람이 인생의 목적을 발견하지 못한 채, 엉뚱한 곳에서 방황하며 상처를 입고 자신을 스스로 나쁜 인간, 실패한 인생으로 규정하고 살아간다는 것이다. 마치 시계로 못을 박으면서 잘못된 시계라고 하는 것처럼 말이다.

여기에 성경을 배워야 하는 이유가 있다. 성경을 통해 인간은 자신이 어디서 왔으며 어디로 가고 있는지를 발견할 수 있다. 인간이 어떤 존재이며 인생의 목적이 무엇인지를 배울 수 있는 것이다. 그리고 이 목적을 발견하고 이루어갈 때, 우리는 참된 행복과 기쁨을 누릴 수 있게 된다.

그럼 성경이 말하는 인생의 목적은 무엇일까? 성경은 하나님은 사랑이시라고 가르친다. 그뿐만 아니라 인간은 하나님의 형상대로 지음받았다고 말한다. 하나님이 인간을 지으신 목적은 사랑을 위해서다. 하나님이 누리신 사랑의 기쁨을 나누기 위해 인간을 지으셨다. 사랑이야말로 인간이 추구해야 할 가장 중요한 인생의 목적인 것이다.

당신은 인생의 목적이 무엇이라고 생각하는가? 인생의 목적은 어디서 배울 수 있으며, 인생의 목적을 배우는 데 필요한 일은 무엇이라고 생각하는가?

1과 영적 성장 PLUS⁺
셋째 날

모래 위의 발자국

어느 날 밤 꿈을 꾸었네. 주와 함께 바닷가 거니는 꿈을 꾸었네.
하늘을 가로질러 빛이 임한 그 바닷가 모래 위에 두 쌍의 발자국을 보았네.
한 쌍은 내 것, 또 한 쌍은 주님의 것.

거기서 내 인생의 장면들을 보았네.
마지막 내 발자국이 멈춘 그곳에서 내 인생의 길을 돌이켜 보았을 때, 자주 내 인생길에는 오직 한 쌍의 발자국만 보였네.
그때는 내 인생이 가장 비참하고 슬펐던 계절이었네.
나는 의아해서 주님께 물었네.

"주님, 제가 당신을 따르기로 했을 때 당신은 저와 항상 함께하신다고 약속하셨잖아요?
그러나 보세요. 제가 주님을 가장 필요로 했던 그때 거기에는 한 쌍의 발자국밖에 없었습니다. 주님은 저를 떠나 계셨나요?"

주님이 대답하셨네.
"나의 귀하고 소중한 아이여, 나는 너를 사랑하였고 너를 조금도 떠나지 않았단다.

너의 시련의 때, 고통의 때에도 네가 본 오직 한 쌍의 발자국
그것은 나의 발자국이었느니라.
그때 내가 너를 등에 업고 걸었노라."

소개한 시는 메리 스티븐슨이 지은 '모래 위의 발자국'이라는 시이다. 성경에 많이 등장하는 약속 중 하나는 '동행'이다. 우리가 믿는 순간, 하나님은 우리 가운데 오셔서 동행하시겠다고 약속하셨다. 물론 하나님이 나와 동행하시지 않는 것처럼 느껴질 때가 있다. 특히 인생의 고난과 역경이 닥쳐올 때면 하나님이 계시지 않는 것처럼 느낄 수 있다. 하지만 어쩌면 그 순간이 하나님이 우리를 가장 사랑하고 가까이하시는 시간일지 모른다.

감리교 창시자인 찰스 웨슬리를 비롯하여 11명의 자녀를 믿음으로 키운 수잔 웨슬리에게 어느 기자가 물었다. "11명의 자녀 중 어느 자녀가 가장 사랑스럽습니까?" 그러자 수잔 웨슬리는 이렇게 답했다. "만약 아픈 아이가 있다면 그 아이가 가장 사랑스럽고, 만약 집에 들어오지 않는 자녀가 있다면, 그 순간은 그 아이가 가장 사랑스럽고, 만약 어려운 시기를 보내는 자녀가 있다면, 그 자녀가 가장 사랑스럽습니다." 아버지 되시는 하나님도 마찬가지시다. 우리와 함께 늘 동행하시는, 특히 고난 중의 자녀를 더욱 가까이하시는 하나님을 신뢰할 줄 아는 그리스도인이 되길 소망해 본다.

하나님이 어떤 순간에도 나와 함께하신다는 사실을 믿는가? 하나님이 나와 동행하신다는 사실이 당신에게 어떤 위로와 힘을 주는가?

1과 영적 성장 PLUS⁺
넷째 날

그 인간

우리는 누구나 타인과의 관계 속에서 이런저런 고통을 겪는다. 직장이나 가정에서, 아주 친밀한 사람으로부터 관계가 소원한 사람까지 다양한 사람이 다양한 방법으로 당신의 삶을 힘들게 하는 경험을 한다. 이런 경험에 관해 우리는 흔히 이런 권면을 듣는다. "상대방한테 말해보지, 그래? 조리 있고 차분하게 설명해 봐." 이 말을 들은 우리는 겉으로는 수긍한 듯 보이지만, 속으로는 '네가 그 인간을 몰라서 그래' 하고 생각하며 답답해한다.

아무리 문제를 대화로 풀어보려 해도, '그 인간'은 들으려 하지 않으며 마음을 바꿀 생각이 전혀 없다. '그 인간'의 굳어진 치명적 결함 때문에 결국에는 모든 노력이 실패로 돌아갈 것을 당신은 너무나 잘 알고 있다. 설사 다른 호재가 발생한다고 하더라도 '그 인간'은 여전할 것이며 당신 앞에 놓인 문제는 늘 똑같을 것이다. 결국 이로 인해 절망만이 계속해서 쌓여가는 것이다.

하나님도 마찬가지다. 하나님 역시 우리를 볼 때, 우리가 '그 인간'을 보면서 느끼는 절망감을 동일하게 느끼실 것이다. 달리 말하면 우리가 그렇게 싫어하는 '그 인간'이 바로 우리 자신인 것이다. 어쩌면 우리 자신은 이 사실을 깨닫지 못할 수도 있다. 이는 마치 모든 사람은 알지만, 정작 본인은 모르는 '입 냄새'와 같다. 자기 모습에 익숙해진 나머지, 우리가 얼마나 하나님과 다른 사람에게 절망감을 주는지 모른 채 살아가는 것이다.

물론 이런 이야기에 거부감이 들 수도 있다. 기독교는 왜 이렇게 인간의 결점을 들추는 일에만 열심이냐고 반문할지 모른다. 하지만 정직하게 자기 모습을 돌아보자. 인간이야말로 누군가의 결점을 곱씹기를 즐기는 존재가 아닌가. 병적으로 누군가의 결점을 곱씹는 존재라면, 차라리 자신의 결점을 성찰하는 것이 더 나을 것이다.

다만 한 가지 기억할 점이 있다. 하나님이 '그 인간'을 대하시는 태도가 우리의 태도와 다르시다는 점이다. 우리는 '그 인간'의 결점으로 인해 낙심하고 좌절한다. 하지만 하나님은 '그 인간'의 결점에도 불구하고 그를 사랑하고, '그 인간'을 향해 소망을 품으신다. 하나님은 어떤 상황 속에서도 우리를 포기하지 않고 사랑하신다. 특히 자기 아들을 아끼지 아니하고 십자가에 내어줄 만큼 우리를 사랑하시며, 하나밖에 없는 아들을 희생할 만큼 우리에게 큰 기대를 하고 계신다. 우리에게 소망이 있는 이유는 이런 결점에도 불구하고 우리를 여전히 사랑하시는 아버지 되신 하나님이 계시기 때문이다.

> **THINK**
>
> 우리의 연약함과 부족함에도 불구하고 하나님이 우리를 사랑하시고 아끼신다는 사실에서 무엇을 느끼는가? 하나님의 사랑과 은혜에 대해 다시 한번 감사하는 시간을 갖도록 하자.

1과 영적 성장 PLUS⁺
다섯째 날

자기를 사랑하는 것이 나쁜 건가요?

자기 부인은 기독교 윤리의 핵심이라고 할 수 있다. 성경은 우리가 예수님의 참된 제자라면 자기 목숨까지도 미워해야 한다고 말한다. 그렇다면 자기를 사랑하는 것이 잘못된 것일까? 왜 성경은 자신을 부인하고, 심지어 미워하라고 말하는 것일까?

기독교는 자신을 사랑하는 것이 나쁜 것이라고 주장하지 않는다. 성경에는 "네 이웃을 너 자신과 같이 사랑하라"라는 명령이 자주 등장한다. 만약 자신을 사랑하지 않고 미워한다면, 이 명령은 무의미하게 될 것이다. 자신을 사랑하지 않는 사람이 어떻게 자신처럼 이웃을 사랑하겠는가. 인간은 하나님이 지으신 피조물(작품)이며, 사랑하고 기뻐해야 할 대상이다. 따라서 적극적으로 자신을 사랑할 수 있어야 한다.

다만 조심해야 할 점이 있다. 인간은 자신이 어떤 존재이며 자신의 연약함과 부족함에 대해 누구보다 잘 안다. 사랑받기 위해 내가 바라는 모습과 현실의 내 모습이 얼마나 차이가 나는지 가장 정확히 알고 있다. 결국 이러한 차이로 인해, 자신의 연약함을 부인하거나 자신을 용납하지 못하고 정죄하게 되는 것이다. 이런 점에서 자기 사랑과 자기 부정은 동전의 양면과도 같다.

그럼 어떻게 해야 할까? 맥스 루케이도는 이렇게 말한다. "하나님은 우리를 있는 모습 그대로 사랑하신다. 또한 우리를 사랑하시기에 우리가 변화되길 원하신다." 우리는 무엇보다도 하나님께 배울 필요가 있다. 하나님이 우리를 어떻게 바라보고 대하시는지를 배워야 한다. 우리 역시 하나님처럼 있는 모습 그대로 자신을 사랑할 줄 알아야 한다. 왜냐하면 온갖 부족함에도 불구하고 우리는 하나님의 작품이기 때문이다. 그리고 자신과 다른 사람의 부족한 점을 인정하고, 끊임없는 관대함으로 변화를 기다릴 수 있어야 한다. 자신을 사랑하는 것에서부터 우리는 하나님을 닮아가야 하는 것이다.

당신은 자신을 사랑하는가? 당신을 사랑하는 데 필요한 일은 무엇이라고 생각하는가?

2과

말씀하시는 하나님

2과
말씀하시는 하나님

주제 성구 요한복음 14장 21절

"나의 계명을 지키는 자라야 나를 사랑하는 자니 나를 사랑하는 자는 내 아버지께 사랑을 받을 것이요 나도 그를 사랑하여 그에게 나를 나타내리라."

다루는 내용

- 믿음과 말씀의 관계를 이해한다(1-2번).
- 하나님의 말씀에 대한 순종이 주는 유익을 배운다(3-6번).
- 말씀을 어떠한 마음과 태도로 대해야 하는지를 배우고 내면화한다(7-8번).

이야기 둘, 아브라함

창세기 12장 1-5절

1 여호와께서 아브람에게 이르시되 너는 너의 고향과 친척과 아버지의 집을 떠나 내가 네게 보여 줄 땅으로 가라
2 내가 너로 큰 민족을 이루고 네게 복을 주어 네 이름을 창대하게 하리니 너는 복이 될지라
3 너를 축복하는 자에게는 내가 복을 내리고 너를 저주하는 자에게는 내가 저주하리니 땅의 모든 족속이 너로 말미암아 복을 얻을 것이라 하신지라
4 이에 아브람이 여호와의 말씀을 따라갔고 롯도 그와 함께 갔으며 아브람이 하란을 떠날 때에 칠십오 세였더라
5 아브람이 그의 아내 사래와 조카 롯과 하란에서 모은 모든 소유와 얻은 사람들을 이끌고 가나안 땅으로 가려고 떠나서 마침내 가나안 땅에 들어갔더라

아이스브레이크 † 나에게 성경은?

준비물: A5 용지, 필기구

"나에게 성경은 _____ 이다."

각자 빈칸에 들어갈 말을 적은 후, 함께 나누어보자. 이를 통해 평소에 성경에 대해 어떻게 생각하고 있는지를 나눌 수 있다. 성경을 어떤 사람은 어려운 책으로, 어떤 사람은 멀게만 느껴지는 책으로 생각할 수 있다. 반대로 어떤 사람은 인생의 엄청난 보석들이 담겨 있는 보물 상자로 생각할 수도 있다. 이 나눔을 통해 서로에게서 도전을 받을 수 있을 것이다. "저 사람은 성경을 통해 저런 유익을 누리는데, 나는 왜 못 누릴까?"라는 의문과 궁금증이 생긴다면 이번 시간을 통해 해답을 찾게 될 것이다.

마음의 문을 열며

오늘은 기독교 역사에서 중요한 인물 가운데 한 명인 믿음의 조상, 아브라함에 대해 배우게 됩니다. 그렇다면 아브라함을 믿음의 조상이라고 부르는 이유는 무엇일까요? 그것은 아브라함이 단순히 처음으로 하나님을 믿은 사람이거나, 이스라엘 민족의 조상이기 때문이 아닙니다. 아브라함을 믿음의 조상이라고 부르는 이유는 아브라함이 우리가 추구하는 믿음의 표상이기 때문입니다. 달리 말하면 아브라함을 통해 우리는 하나님이 어떤 분이시며, 참된 믿음이란 무엇인지를 발견할 수 있습니다. 이 시간 아브라함 이야기를 통해 우리의 믿음을 새롭게 하는 시간이 되길 바랍니다.

🔊 오늘은 누구에 대해 배우게 되는가?

아브라함에 대해 배우게 된다. 아브라함은 구약 시대에 생존했던 인물로, 혈통적으로는 유대인들과 아랍인들의 조상으로 여겨지고 있다. 그뿐만 아니라 기독교인들은 그를 믿음의 조상으로 여기고 있다. 그만큼 많은 사람이 수천 년 전에 살았던 아브라함을 자신의 조상으로 생각하고 있는 것이다. 그러므로 아브라함과 같이 인류 역사에 깊은 영향을 미친 사람은 없을 것이다. 그렇다면 사람들은 왜 아브라함을 믿음의 조상으로 섬기고 있을까? 그 이유는 그가 처음으로 하나님을 믿은 사람이기 때문이 아니라, 그가 우리가 추구하는 믿음이 무엇인지를 잘 보여주는 대표적인 인물이기 때문일 것이다. 이 시간에는 아브라함에 대해 배우며 참된 믿음이란 무엇인지, 하나님은 어떤 분이신지에 대해 함께 나누어보자.

말씀의 씨를 뿌리며

말씀과 믿음

1 아브라함은 갈대아 우르라는 지역에서 이방 신상들을 섬기며 지내고 있었습니다. 그러던 어느 날 하나님은 그에게 나타나셨습니다. 아브라함에게 나타나신 하나님은 무엇을 행하셨습니까? (1절)

> ¹ 여호와께서 아브람에게 이르시되 너는 너의 고향과 친척과 아버지의 집을 떠나 내가 네게 보여 줄 땅으로 가라

🔊 1절에서는 무엇이라고 말하는가?

어느 날 하나님이 아브라함에게 나타나셔서 두 가지를 말씀하셨다. 첫째는 고향 집을 떠나라는 것이고, 둘째는 하나님이 지시한 땅으로 가라는 것이다. 왜 고향 땅을 떠나라고 하셨을까? 당시 아브라함은 하나님을 모른 채 이방 신을 섬기고 있었다. 따라서 고향 땅을 떠나라는 것은 단순히 지리적인 문제가 아니라, 그가 갖고 있던 가치관, 생활 방식, 삶의 배경을 떠나라는 의미였다. 그리고 하나님은 아브라함에게 지시한 땅으로 가라고 말씀하셨다. 이 역시 지리적인 문제라기보다는 하나님의 백성으로, 새로운 가치관과 생활 방식으로 살아가라는 의미다. 이방신을 섬기던 과거의 자신을 버리고 하나님을 섬기는 새로운 삶을 살도록 초대한 것이다.

🔊 여기서 한 가지 기억할 점은 아브라함의 믿음은 하나님의 말씀으로부터 시작되었다는 점이다. 2번 문제를 보라.

---

2 믿음이란 말씀하시는 하나님에 대한 반응이라고 할 수 있습니다. 따라서 하나님의 말씀이 없이는 믿음이 생길 수 없습니다. 다음의 성경 구절을 가지고 이 사실을 확인해 보십시오. (로마서 10:17, 에베소서 4:13)

> **로마서 10:17** 그러므로 믿음은 들음에서 나며 들음은 그리스도의 말씀으로 말미암았느니라

🔊 로마서 10장 17절에서는 무엇이라고 말하는가?

믿음은 들음에서 나오며 들음은 그리스도의 말씀으로 말미암았다고 말한다. 믿음이 우리에게 생기기 위해서는 들음과 그리스도의 말씀, 이 두 가지가 필요한 것이다. 하나님의 말씀을 듣지 않고서는 결코 믿음이 생길 수 없다. 그럼 왜 믿음은 하나님의 말씀이 없이 생길 수 없는가? 이는 존재론적인 문제라고 할 수 있다. 새롭게 태어난 아이가 있다고 가정해 보자. 자신에게 부모가 있는지, 누가 자기 부모인지 어떻게 알 수 있을까? 스스로 연구해서 알 수 있을까? 유전자 검사를 하면 알 수 있을까? 부모가 이야기해 주었기 때문에 아는 것이다. 마찬가지로 하나님이 스스로 나타내시지 않는다면, 유한한 인간은 무한하신 하나님을 발견할 수 없는 것이다. 하나님의 말씀 없이는, 다르게 표현하면 하나님이 말씀하지 않으신다면 우리는 하나님의 존재도, 성품도 결코 알 수 없을 것이다. 각자 예수님을 믿게 된 경위를 생각해 보라. 누군가의 전도로 예수님에 대해 알게 되었더라도, 그가 전한 말이 바로 하나님의 말씀에서 비롯된 지식인 것이다. 하나님의 말씀 없이 우리는 하나님에 대한 믿음을 가질 수가 없다.

> **에베소서 4:13** 우리가 다 하나님의 아들을 믿는 것과 아는 일에 하나가 되어 온전한 사람을 이루어 그리스도의 장성한 분량이 충만한 데까지 이르리니

🔊 에베소서 4장 13절에서는 무엇이라고 말하는가?

우리가 다 하나님을 믿는 것과 아는 일에 하나가 되자고 말한다. 하나님을 믿을 뿐만 아니라 하나님에 대해 계속해서 알아가야 한다는 것이다. 그럼 왜 믿는 것과 아는 일에 하나가 되어야 하는가? 온전한 사람을 이루어 그리스도의 장성한 분량이 충만한 데까지 이르기 위해서다. 다르게 말하면 그리스도처럼 영적으로 성장해 가기 위해서는 하나님에 대해 계속해서 알아가야 한다. 즉 하나님의 말씀을 통해 새롭게 태어난 아기의 이야기로 돌아가 보자. 자기 부모가 누구인지는 부모가 알려주어야만 알 수 있다. 다만 부모가 자기 부모임을 확신하기 위해서는 부모에 대해 계속해서 알아가야 한다. 부모가 자신을 얼마나 사랑하는지 경험하고 알아갈 때 확신할 수 있게 된다. 마찬가지로 우리 역시 하나님을 믿은 후에도 하나님에 대해 계속해서 알아가야 한다.

🔊 하나님은 아브라함에게 고향 땅을 버리고 자신이 지시한 땅으로 가라고 말씀하셨다. 그런데 이 말씀과 더불어 약속을 주신다. 어떤 약속을 주셨는지 3번 문제를 통해 살펴보자.

말씀과 순종

3 하나님은 아브라함에게 고향 땅을 떠나 자신이 지시한 땅으로 가라고 말씀하십니다. 이는 단순히 지역적인 문제만을 의미하는 것은 아니었습니다. 과거에 자신이 가졌던 가치관과 생활 방식에서 벗어나, 새로운 사람이 되어 새로운 삶을 살도록 초대한 것입니다. 하나님이 아브라함에게 고향 땅을 떠나라고 말씀하시면서 주신 약속은 무엇입니까? (2-3절)

> ² 내가 너로 큰 민족을 이루고 네게 복을 수어 네 이름을 창내하게 하리니 너는 복이 될지라 ³ 너를 축복하는 자에게는 내가 복을 내리고 너를 저주하는 자에게는 내가 저주하리니 땅의 모든 족속이 너로 말미암아 복을 얻을 것이라 하신지라

🔊 2-3절에서는 무엇이라고 말하는가?

하나님은 두 가지 약속을 주셨다. 첫째는 아브라함에게 복을 줄 것이라고 약속하셨다. 하나님의 말씀에 순종할 때 아브라함은 큰 민족을 이루고, 그 이름이 창대해질 것이라고 약속하셨다. 둘째는 아브라함을 축복의 통로로 사용할 것이라고 약속하셨다. 아브라함을 통해 세상을 축복하길 원하신 것이다. 우리를 부르신 이유도 마찬가지다. 하나님이 우리를 부르신 이유 역시 우리를 축복하고 세상 속에서 우리가 축복의 통로가 되길 바라시기 때문이다.

그렇다면 아브라함에게 주신 약속은 어떻게 되었을까? 사실 아브라함 당대는 이 약속과 거리가 멀었다. 그에게는 두 명의 아들밖에 없었다. 그중 한 명은 여종에게서 낳은 자녀였다. 따라서 현실적으로는 큰 민족을 이루는 것을 기대하기 어려웠다. 하지만 오늘날은 어떤가? 유대인들과 아랍인

들은 아브라함을 민족의 조상으로 여기고 있다. 또한 수많은 기독교인은 아브라함을 믿음의 조상으로 생각하며, 아브라함을 통해 믿음을 배우고 하나님이 주신 은혜를 누리고 있다. 하나님이 주신 약속이 신실하게 이루어지고 있음을 우리는 보게 된다.

🔊 성경은 우리가 하나님의 말씀에 순종할 때 주실 축복에 대해 자세하게 약속하고 있다. 4번 문제를 보라.

4 하나님은 아브라함을 새로운 삶으로 초대하셨습니다. 이 삶은 참된 기쁨과 만족이 가득한 삶을 의미합니다. 성경은 하나님의 말씀에 순종하는 사람에게 축복을 주시겠다고 약속합니다. 다음의 성경 구절을 가지고 하나님이 주시기로 약속하신 축복은 무엇인지 찾아보십시오. (요한복음 20:31, 요한복음 14:21, 여호수아 1:8)

> **요한복음 20:31** 오직 이것을 기록함은 너희로 예수께서 하나님의 아들 그리스도이심을 믿게 하려 함이요 또 너희로 믿고 그 이름을 힘입어 생명을 얻게 하려 함이니라

🔊 요한복음 20장 31절에서는 무엇이라고 말하는가?

여기서 '이것'은 성경을 의미한다. 성경을 기록한 목적이 우리가 예수님이 하나님의 아들이심을 믿고, 이 믿음으로 생명을 얻게 하려 함이라고 말한다. 성경을 통해 우리는 생명을 얻을 수 있다. 인간은 자살하는 유일한 동물이라는 말이 있다. 반대로 말하면 인간은 유일하게 매일 자살하지 않고 삶을 스스로 선택하며 살아가는 존재다. 인간에게 생명만큼 소중한 것은 없다. 이 세상 모든 것을 얻고 생명을 잃어버린다면 무슨 소용이 있겠

는가? 그렇다면 생명을 어디서 얻을 수 있는가? 생명을 주겠다고 약속한 사람이 있는가? 생명을 주겠다고 가르치는 선생이 있는가? 생명을 주겠다고 하시는 분은 예수님 한 분뿐이다. 자신이 줄 수 없는 것을 주겠다는 사람은 없다. 만약 그렇게 말하는 사람이 있다면 그는 미치광이나 사기꾼일 수밖에 없다. 하지만 예수님의 삶과 가르침은 미치광이나 사기꾼의 것과는 전혀 다르다. 하나님의 말씀에 순종할 때 우리가 맛보는 축복은 바로 생명을 얻게 되는 것이기 때문이다.

> **요한복음 14:21** 나의 계명을 지키는 자라야 나를 사랑하는 자니 나를 사랑하는 자는 내 아버지께 사랑을 받을 것이요 나도 그를 사랑하여 그에게 나를 나타내리라

🔊 요한복음 14장 21절에서는 무엇이라고 말하는가?

하나님의 말씀을 지키는 자는 하나님께 사랑을 받을 것이고, 예수님도 그에게 자신을 나타내실 것이라고 약속하셨다. 하나님의 사랑을 받는다는 것은 무슨 말일까? 하나님은 우리 모두를 언제나 공평하게 사랑하신다. 다만 우리의 태도에 따라 하나님의 사랑을 누리는 정도는 다를 수 있다. 예를 들어 태양 빛을 생각해 보라. 태양 빛은 누구에게나 공평하게 100퍼센트가 주어진다. 내가 태양 빛을 받는다고 해서 다른 사람이 덜 받는 것이 아니다. 늘 우리는 100퍼센트의 태양 빛을 받을 수 있다. 다만 양산을 쓰거나 그늘로 들어간다면 우리는 태양 빛을 받지 못한다. 마찬가지다. 하나님은 우리를 늘 사랑하시지만, 만약 우리가 하나님의 말씀에 순종하지 않는다면 그 사랑을 누리지 못하고 사는 것이다. 반대로 말하면 양산을 접고 나갈 때 우리는 태양 빛을 온전히 누릴 수 있다. 우리는 하나님의 말씀에 순종할 때 하나님의 사랑을 온전히 누릴 수 있는 것이다.

> **여호수아 1:8** 이 율법책을 네 입에서 떠나지 말게 하며 주야로 그것을 묵상하여 그 안에 기록된 대로 다 지켜 행하라 그리하면 네 길이 평탄하게 될 것이며 네가 형통하리라

🔊 여호수아 1장 8절에서는 무엇이라고 말하는가?

하나님의 말씀이 기록된 대로 다 지켜 행하면 네 길이 평탄하고 형통하게 될 것이라고 말한다. 하나님은 왜 우리에게 자신의 말씀에 순종하라고 말씀하시는 것일까? 하나님은 아브라함에게 고향 땅을 떠나 자신이 지시한 땅으로 가라고 말씀하셨다. 그 길이 결코 쉬운 길이 아니며, 험난한 여정이 될 것임을 하나님은 아셨다. 그럼 왜 아브라함에게 어려운 길로 가라고 하셨는가? 아브라함에게 복을 주시고, 아브라함을 복의 통로로 만드시기 위함이다. 달리 말하면 좋은 것을 주시기 위함이다. 하나님은 왜 우리에게 말씀을 주시고 순종하길 바라시는가? 좋은 것을 주시려는 아버지의 마음을 이해할 필요가 있다. 자녀들에게 공부하라고 지시할 때가 있다. 왜 아이들에게 놀지 말고 공부하라고 하는가? 아이들을 힘들게 하기 위해서일까? 아니다. 지금은 힘들지만, 그것이 아이들의 장래를 위해 필요하기 때문이다.

🔊 고향 땅을 떠나라는 하나님의 명령에 아브라함은 어떻게 반응했는지 계속해서 살펴보자. 5번 문제를 보라.

---

5 하나님은 아브라함에게 고향 땅을 떠나라고 말씀하십니다. 고향을 떠나는 일은 결코 쉬운 일이 아니었을 것입니다. 아브라함은 하나님의 말씀을 듣고 어떤 반응을 보입니까? (4-5절)

> 4 이에 아브람이 여호와의 말씀을 따라갔고 롯도 그와 함께 갔으며 아브람이 하란을 떠날 때에 칠십오 세였더라 5 아브람이 그의 아내 사래와 조카 롯과 하란에서 모은 모든 소유와 얻은 사람들을 이끌고 가나안 땅으로 가려고 떠나서 마침내 가나안 땅에 들어갔더라

🔊 4-5절에서는 무엇이라고 말하는가?

아브라함이 여호와의 말씀을 따라갔다고 말한다. 아브라함은 하나님의 말씀에 순종하여, 하나님이 지시하신 곳으로 갔다. 그런데 자기 혼자만 간 것이 아니라 아내와 조카 롯, 그리고 자신의 모든 소유와 사람들을 이끌고 가나안 땅으로 들어갔다. 그가 고향 땅을 떠날 때 모든 소유와 사람을 데리고 떠난 것은 그곳에 대한 미련과 돌아올 여지를 없앴다는 것을 의미한다. 당시 아브라함의 나이는 75세였다. 지금도 그렇지만, 그때도 75세에 새로운 도전을 하기란 쉽지 않았을 것이다. 하지만 그는 하나님의 말씀에 온전히 순종하는 모습을 보여주었다.

🔊 당신은 어떤가? 당신도 아브라함처럼 하나님의 말씀에 온전히 순종할 수 있는 사람인가? 6번 문제를 보라.

6 하나님이 지시하신 땅인 가나안은 아브라함의 고향으로부터 1,000킬로미터 이상 떨어진 곳입니다. 교통수단이 발달하지 않은 시대에 가나안으로 향하는 길은 험난한 여정이었을 것입니다. 하지만 아브라함은 하나님의 명령에 순종하여 많은 어려움과 위험을 무릅쓰고 하나님이 지시하신 땅으로 가게 됩니다. 당신은 아브라함처럼 하나님의 말씀에 순종할 수 있습니까? 어떻게 하면 하나님의 말씀에 순종할 수 있을지 다음의 글을 읽고 이야기를 나누어보십시오.

> 나는 하나님과의 친밀한 교제를 통하여 흘러넘치는, 예수님의 순종의 삶을 여러분이 깨달을 수 있기를 바란다. 순종이란 말은 흔히 우리의 마음속에 어리석은 명령들이나 남발하는 비인격적인 상관들로 가득 찬 계층 구조적 세계를 떠올리게 하는데, 그 명령들은 우리가 비록 아무 까닭이나 근거를 찾지 못한다고 할지라도 복종해야만 하는 것들이다.
>
> 그러나 예수님의 순종은, 이는 결국 우리의 순종인바, 그것들과는 질적으로 전혀 다른 것이다. 이는 하나님을 "아바! 아버지!"라고 부를 수 있는 친밀함으로부터 흘러넘치는 순종이다. 거기에는 하나님의 방법이 단지 옳은(right) 것일 뿐만 아니라, 좋은(good) 것이기도 하다는 사실에 대한 마음으로부터의 깨달음이 있다. 옳은 것이 좋다는 것을 경험을 통하여 알게 되면 우리는 하나님의 뜻과 일치하게 된다. 그것은 복종해야 할 명령이 아니요, 저절로 따르게 되는 거룩한 긍정(divine yes)이다. 리처드 포스터

🔊 각자 이야기를 나누어보라.

아브라함처럼 하나님의 말씀에 순종할 수 있다고 답할 사람은 많지 않을 것이다. 왜일까? 여러 가지 이유가 있을 것이다. 모르기 때문에 순종하지 못할 수 있다. 우리가 이렇게 말씀을 배우는 이유도, 앞으로 계속해서 배워가야 하는 이유도 이 때문이다. 또 다른 중요한 이유는 확신이 없기 때문에 순종하지 못할 수 있다. 하나님의 말씀이 옳을 뿐만 아니라 좋다는 확신이 없는 것이다. 예를 들어 성경은 미워하지 말라고 말한다. 왜 미워하지 말라고 말하는가? 우리를 위해서이다. 누군가를 미워해 보라. 결국 미워하는 자의 손해가 훨씬 크다. 당신은 어떤가? 하나님의 말씀이 옳을 뿐 아니라 좋은 것이라는 확신이 있는가? 이런 확신이 있다면 당신의 삶에 어떤 변화가 나타나야 할까? 만약 그 어떤 변화도 없다면, 확신이 없기 때문일지도 모른다.

🔊 하나님의 말씀에 순종할 때 우리에게 어떤 유익이 있는지 7번 문제를 통해 더 자세히 살펴보자.

말씀을 대하는 자세

7 아브라함에게 나타나 말씀하셨던 하나님은 다양한 시대에 다양한 방법으로 인간에게 나타나 말씀하십니다(참고 히브리서 1:1). 이러한 하나님의 말씀을 기록해 놓은 책이 바로 성경입니다. 하나님의 말씀인 성경을 가까이할 때 우리가 누릴 수 있는 유익은 어떤 것이 있을까요? (디모데후서 3:15-17)

> **참고 히브리서 1:1** 옛적에 선지자들을 통하여 여러 부분과 여러 모양으로 우리 조상들에게 말씀하신 하나님이

🔊 히브리서 1장 1절에서는 무엇이라고 말하는가?

하나님이 여러 부분과 여러 모양으로 우리 조상들에게 말씀하셨다고 말한다. 여기서 여러 부분은 여러 시대를, 여러 모양은 여러 방법을 의미한다. 즉 다양한 시대에 다양한 방법으로 말씀하셨다고 말하고 있는 것이다. 성경은 이렇게 다양한 시대에 다양한 방법으로 말씀하신 하나님의 말씀을 모아놓은 책이다. 성경은 크게 구약 성경과 신약 성경으로 나눌 수 있다. 성경의 중심 주제는 예수님으로, 구약 성경은 '오실 예수님'에 대해, 신약 성경은 '오신 예수님, 다시 오실 예수님'에 대한 기록이라고 할 수 있다. 또한 성경은 다양한 시대에 다양한 방법으로 말씀하신 하나님의 말

을 모아두었기에 권별로 구성되어 있고, 역사서와 시가서, 선지서와 서신서와 같은 다양한 형식의 책으로 구성되어 있다. 특히 성경은 단순히 도덕적인 교훈을 전하는 책이 아니다. 역사 속에서 실제로 하나님이 어떻게 일하셨는지를 담고 있으며, 이를 통해 하나님이 어떤 분이신지를 배울 수 있다.

> **디모데후서 3:15-17** 15 또 어려서부터 성경을 알았나니 성경은 능히 너로 하여금 그리스도 예수 안에 있는 믿음으로 말미암아 구원에 이르는 지혜가 있게 하느니라 16 모든 성경은 하나님의 감동으로 된 것으로 교훈과 책망과 바르게 함과 의로 교육하기에 유익하니 17 이는 하나님의 사람으로 온전하게 하며 모든 선한 일을 행할 능력을 갖추게 하려 함이라

🔊 디모데후서 3장 15-17절에서는 무엇이라고 말하는가?

성경을 통해 우리는 구원에 이르는 지혜를 얻으며, 우리가 하나님의 사람으로 온전하게 되어 모든 선한 일을 행할 능력을 갖추게 하려 함이라고 말한다.

인간에게 가장 중요한 두 가지 질문이 있다면, 그것은 아마도 "나는 누구인가?"와 "어떻게 살 것인가?"일 것이다. 이 두 가지 질문은 이 땅을 살면서 누가 묻지 않고, 누구에게 배우지 않아도 반드시 한 번은 자신에게 스스로 던져보았을 질문이다. 그뿐만 아니라 평생 답을 찾기 위해 갈급해하는 질문이기도 하다.

만약 인간이 창조의 산물이라면, 창조주이신 하나님에 대해 아는 것만큼 중요한 것은 없다. 왜냐하면 인간을 만드신 하나님이 어떤 분인지 알아야 내가 누구인지 알 수 있기 때문이다. 따라서 하나님이 존재하시는지, 존재하신다면 그분은 어떤 분이신지가 인간에게 가장 중요한 질문일 것이다.

어떻게 살 것인가라는 질문도 마찬가지다. 시계가 있다고 가정해 보라. 만약 시계를 못을 박는 데 사용한다면 얼마나 어리석은 일인가. 그리고 못이 잘 박히지 않는다고 쓸모없는 시계라고 말한다면 얼마나 우스운 일인가. 만약 인간이 창조의 산물이라면, 우리를 지으신 목적을 알아야 한다. 그럴 때만이 어떻게 살아야 할지에 대해 알 수 있기 때문이다.

🔊 하나님의 말씀에 순종하기 위해서는 하나님의 말씀을 배워야 한다. 어떻게 하면 하나님의 말씀에 대해 배워갈 수 있을지 8번 문제를 통해 살펴보자.

8 하나님의 말씀이 주는 축복과 유익을 누리기 위해서는 성경을 가까이해야 합니다. 하나님의 말씀인 성경을 가까이하기 위해 당신에게는 어떤 노력이 필요하다고 생각하십니까? (요한계시록 1:3, 시편 1:1-2, 골로새서 3:16)

> **요한계시록 1:3**   이 예언의 말씀을 읽는 자와 듣는 자와 그 가운데에 기록한 것을 지키는 자는 복이 있나니 때가 가까움이라

🔊 요한계시록 1장 3절에서는 무엇이라고 말하는가?

말씀을 읽는 자와 듣는 자와 지켜 행하는 자는 복이 있다고 말한다. 우리는 말씀을 읽어야 한다. 성경에 어떤 내용이 담겨 있는지 날마다 읽고 깨달아야 한다. 성경을 읽을 때 한 장씩 읽고 대화하는 방식으로 하나님께 기도하면 도움이 된다.

둘째로 말씀을 들어야 한다. 듣는 것은 배우는 것으로, 대표적인 예는 예배이다. 예배를 통해 성경에 대해 깊이 배우고, 깨닫고, 어떻게 살아야 할지에 대한 지혜를 얻을 수 있다.

셋째로 말씀을 지켜야 한다. 성경을 우리에게 주신 목적은 우리가 성경대로 살게 하기 위해서이다. 이때 중요한 것은 패배를 습관화하지 않는 것이다. 자신이 실천할 수 있는 작은 일부터 하나씩 실천하는 습관을 갖는 것이 중요하다. 성경을 가까이하지 못하는 이유는 대부분 의지의 문제라기보다 방법의 문제다. 자신이 이룰 수 없는 목표를 세우고 이루지 못해 매일 죄책감에 시달리다 보면, 성경을 가까이하기 싫어지게 된다.

> **시편 1:1-2** ¹ 복 있는 사람은 악인들의 꾀를 따르지 아니하며 죄인들의 길에 서지 아니하며 오만한 자들의 자리에 앉지 아니하고 ² 오직 여호와의 율법을 즐거워하여 그의 율법을 주야로 묵상하는도다

🔊 시편 1장 1-2절에서는 무엇이라고 말하는가?

복 있는 사람은 여호와의 율법을 밤낮으로 묵상한다고 말한다. 묵상이란 소가 되새김질하듯이 말씀을 깊이 생각하는 것을 의미한다. 말씀을 계속 생각하고 되새기는 일이 필요하다. 아침에 읽은 말씀을 시차를 두어 떠올리고 생각하는 훈련을 하면 말씀 묵상에 도움이 된다. 이때 세 가지를 염두에 두고 묵상하면 좋다. '이 구절의 내용은 무엇인가?', '이 구절의 뜻은 무엇인가?', '이 구절이 주는 교훈은 무엇인가?'를 생각하며 읽도록 하라. 당신은 어떤가? 말씀을 묵상하려고 노력한 적이 있는가? 혹시 묵상을 통해 얻은 유익이 있다면 나누어보라.

> **골로새서 3:16** 그리스도의 말씀이 너희 속에 풍성히 거하여 모든 지혜로 피차 가르치며 권면하고 시와 찬송과 신령한 노래를 부르며 감사하는 마음으로 하나님을 찬양하고

🔊 골로새서 3장 16절에서는 무엇이라고 말하는가?

피차 가르치라고 말한다. 서로를 통해 배울 수 있어야 한다. 사실 우리는 성경을 많이 아는 사람이 조금 아는 사람을 가르친다고 생각하기 쉽다. 하지만 성경은 우리가 서로에게 배우라고 말한다. 오랫동안 신앙생활을 하여 성경이 익숙한 사람도 처음 믿음을 갖고 성경을 접하는 사람에게 성경을 대하는 자세와 태도, 깨달음 등의 배울 점이 존재한다. 따라서 우리는 끊임없이 서로에게 배우고, 서로를 가르치려 노력해야 한다.

특히 무엇인가를 들을 때보다는 볼 때, 볼 때보다는 행할 때, 행할 때보다는 가르칠 때 더 많이 배우게 된다. 어떤 분야를 가르치려면 그 분야에 대해 충분히 알아야 한다. 따라서 가르칠 때 우리는 오히려 가장 많이 배우게 된다.

당신은 어떤가? 당신에게 말씀을 읽는 것, 듣는 것, 행하는 것, 묵상하는 것, 가르치는 것 이 다섯 가지가 균형 잡혀 있다고 생각하는가? 부족하다면 어떤 점이 부족한가? 그리고 어떤 노력이 필요하다고 생각하는지 각자 점검해 보자.

🔊 '삶의 열매를 거두며'를 보라.

삶의 열매를 거두며

아브라함은 하나님의 말씀에 순종하여 고향 집을 떠나 가나안 땅에 도착하였습니다. 아브라함이 걸었던 길은 오늘 우리가 걸어가야 할 믿음의 여정이기도 합니다. 당신은 하나님의 말씀에 어떤 반응을 보이고 있습니까? 고향 땅에 머물고 있습니까? 아니면 하나님이 지시하신 땅으로 가고 있습니까? 아니면 그곳에 도착해서 하나님이 주시는 은혜를 누리고 있습니까?

🔊 각자 이야기를 나누어보라.

> 주의 말씀은 내 발의 등이요 내 길의 빛이라고 다윗은 고백한다. 밤길을 걸어간다고 상상해 보라. 우리가 한 걸음 더 내딛게 되면 등불에 의해 조금 더 앞을 볼 수 있게 된다. 말씀과 순종의 관계도 마찬가지다. 순종의 발걸음을 내디딜 때 말씀이 이해되고, 말씀이 주는 더 깊은 은혜를 체험하게 된다. 문제는 순종의 첫걸음을 내딛지 못한다는 것이다. 아브라함도 마찬가지다. 갈 바를 알지 못했지만, 순종의 발걸음을 내딛자 하나님이 주신 은혜와 축복을 누릴 수 있었다. 이번 한 주간 하나님의 말씀에 순종하는 사람이 되게 해달라고 기도하고, 마치도록 하자.

2과 영적 성장 PLUS⁺
첫째 날

가짜 같은 진짜

2016년에 탈북하여 우리나라로 망명한 태영호 씨는 『3층 서기실의 암호』라는 책을 썼다. 태영호 씨는 북한의 공사 출신으로 공사는 대사 다음으로 높은 직위의 외교관이다. 3층 서기실은 북한의 김정은 위원장을 보좌하던 직속 기관이다. 그가 쓴 책은 북한의 실상을 잘 보여준다는 평가를 받았다. 그의 책에는 북한의 종교 실상에 대한 기록도 있다.

1980년대 후반 북한은 종교의 자유가 있는 것처럼 선전하기 위해 평양에 봉수교회와 장충성당을 세웠다. 일단 교회가 되려면 목회자, 교인 그리고 성경이 있어야 했기에, 그들은 가짜 교회를 세우고는 교회 주변에 사는 공산주의 사상가나 간부의 부인들더러 예배에 출석하라고 했다. 그런데 예기치 않았던 문제가 생기게 된다. 어느 날부턴가 그들에게 진짜 믿음이 생긴 것이다. 말씀을 읽고, 설교를 듣고, 찬송을 하다가 진짜 신자가 되어간 것이다. 게다가 예배당 앞을 자주 왔다 갔다 하는 사람들마저 생겼는데, 이들은 예배당 밖으로 흘러나오는 찬송을 듣고 있었다.

태영호 씨는 어느 언론사와의 인터뷰에서 이렇게 말했다. "한국 목사님들이 늘 '북한 신자가 진짜냐, 가짜냐?'라고 묻습니다. 그런데 겉으로 보기에는 가짜 신자 같지만, 내면은 진짜 신자입니다. 한때 북한 관변 조직인 조선그리스도교연맹 인사들이 남한 목사님들에게 '교회를 많이 지어달라'라고 부탁했습니다. 한데 진짜 신자가 생기는 것을 알고 나서는 부탁하기를 중단했습니다."

책에는 북한이 1991년에 교황 요한 바오로 2세의 방북을 추진한 일화도 나온다. 북한은 사회주의가 몰락한 후 외교적 고립을 탈피하기 위한 방책으로 교황 초청을 추진했다. 그때 교황청이 '진짜 신자를 데려와라'라고 하자, 북한은 대대적으로 조사하여 6·25 전쟁 이전부터 신자였던 할머니를 찾았다. 신자임을 완강히 부인하던 할머니는 결국 뒷담에 만든 예배단을 보여주며 "한번 마음속에 들어오신 하느님은 절대로 떠나지 않는다"라고 고백했다. 할머니의 이야기를 보고받은 북한 정부는 교황 초청 계획을 접게 된다.

그렇다면 어떻게 이런 일이 일어날 수 있을까? 어떻게 가짜 같은 진짜 신자가 생길 수 있었던 것일까? 그것은 말씀의 능력 때문이다. 믿음도 없이 강제로 나와 앉아 형식적으로 말씀을 들었지만, 사람을 변화시키는 말씀의 능력이 있기에 가능했던 것이다.

당신은 말씀에 사람을 변화시키는 능력이 있음을 믿는가? 하나님의 말씀을 가까이하기 위해 어떤 노력이 필요하다고 생각하는가?

2과 영적 성장 PLUS⁺
둘째 날

성경은 인간이 쓴 책 아닌가요?

성경은 기독교 신앙의 바탕이 되는 책으로, 약 40명의 저자에 의해 1,600년이 가까운 기간에 걸쳐 기록된 책이다. 성경은 다양한 시대와 상황 속에서 다양한 사람들에 의해 기록되었다. 성경의 저자들은 왕, 소작농, 시인, 목축업자, 어부, 과학자, 농장주, 제사장, 목자, 장막 만드는 사람, 관리 등 다양한 신분과 직업을 가지고 있었다. 또한 성경이 기록된 시대와 배경도 다양하다. 왕궁에서 기록되기도 했고, 포로로 잡혀간 곳에서 기록되기도 했고, 감옥과 전쟁터에서 기록되기도 했다. 그럼에도 성경은 수백 가지 주제에 대해 일관성을 유지하고 있다.

지금까지 성경은 수천 개의 언어로 번역되었으며, 다양한 문화권과 사람들에 의해 읽히고 있다. 타임스지는 이에 대해 이렇게 진단한다. "일반적으로 가장 많이 팔리는 책은 성경이었다. 만약 성경의 누적 판매량이 베스트셀러 목록에 솔직하게 반영된다면, 그 자리를 다른 책이 차지하는 주간은 드물 것이다. 이 한 권의 책이 시간이 흘러도 계속해서 빠른 속도로 팔려나가고 있다는 것은 놀랍고 이상하며, 점점 더 신이 사라져 가는 이 시대를 생각하면 정말 이해하기 힘든 일이다."

그런데 왜 기독교는 사람이 쓴 책인 성경을 하나님의 말씀이라고 말하는 것일까? 그 이유는 무엇보다도 성경을 기록한 사람들이 하나님의 말씀이라고 증언하기 때문이다. 그들은 자신이 쓴 책이 아니라, 하나님의 말씀을 받아 자신들이 기록만 한 것이라고 말한다. 물론 이들의 말을 곧이곧대로 믿을 순 없다. 다만 성경에는 인간이 쓴 책에서는 결코 발견할 수 없는 독특한 특징들이 있다.

그중 하나는 예언의 성취다. 불교나 유교, 도교 등의 모든 책에는 앞날에 대한 예언이 없다. 하지만 성경에는 수천 가지의 예언들이 나오며, 그 예언들은 실제로 역사 속에서 성취되었다. 이 중에는 예언자가 죽은 뒤 수백 년이 지나서 성취된 것들도 많다. 그럼 이런 예언의 성취를 어떻게 보아야 할까? 어떤 사람들은 우연의 일치로 본다. 그런데 성경의 예언은 단순한 우연이라고 보기 어렵다. 왜냐하면 그 내용이 너무 구체적이고 상세하기 때문이다.

윌버 스미스는 이렇게 말한다. "고대 세계에는 예언이라는 미래를 예측하는 수단이 있었다. 그러나 비록 예언자와 예언이라는 말을 사용했을지라도 헬라와 라틴의 문학 전반을 통틀어 볼 때, 그들이 먼 미래에 이루어질 위대한 역사적인 사건에 대해 구체적으로 예언했거나 인류를 위해 올 구원자에 대해 예언한 내용은 찾아볼 수 없었다. 마호메트교에서는 마호메트가 탄생하기 수백 년 전에 그가 올 것을 예언한 글귀를 집어낼 수가 없다. 또한 이 나라에 있는 어떤 신흥 종교의 창시자들도 그들이 나타날 것을 명확하게 예언한 고대의 문서를 정확하게 골라내지 못한다." 노만 가이슬러는 이렇게 결론짓는다. "성경은 수백 년 전에 미리 제시된 구체적이고 정확한 예언이 문자 그대로 성취된 유일한 책이다."

세상에는 다양한 책이 존재한다. 이 책들을 통해 우리는 지식을 얻고 지혜를 발견한다. 또 감동을 받고 어떻게 살아가야 할지도 배운다. 그런데 성경을 접한 사람들은 성경을 통해 하나님을 만났다고 말한다. 왜냐하면 성경의 저자는 하나님이시기 때문이다. 그뿐만 아니라 성경을 통해 세상을 사는 지혜나 지식이 아니라, 생명을 얻었다고 말한다. 성경은 이 땅을 어떻게 살아야 하는지에 대한 도덕적 이야기가 아닌, 이 세상이 어떻게 생겨났으며 어디로 가고 있는지를 기록하고 있기 때문이다. 그 결과 성경을 통해 수많은 사람이 삶의 근본적인 변화를 맛보고 이전과는 다른 삶을 살게 되었고, 이는 오늘날에도 계속되고 있다.

성경이 하나님의 말씀임을 믿는가? 성경이 하나님의 말씀이라는 사실을 인정할 때, 우리에게 나타나야 할 변화는 무엇이라고 생각하는가?

2과 영적 성장 PLUS⁺
셋째 날

예수님의 이야기와 신화는 어떻게 다른가요?

우선 대부분의 전설이나 신화는 "아주 오래전"이라는 말로 시작된다. 오래전에 일어난 일이기에, 그 사건이 진실인지 아닌지 확인할 방법이 없다. 그러기에 어떤 이야기도 지어낼 수 있다. 하지만 예수님의 이야기는 대부분 매우 이른 시기인 예수님이 세상을 떠난 후 40-60년이 지났을 무렵에 기록되었다. 바울이 쓴 편지는 조금 더 이른 시기인 예수님 사후 15-25년경에 기록되었는데, 이 편지들에는 예수님의 가르침은 물론 죽음이나 부활과 같은 예수님 생애의 중요한 사건들이 기록되어 있다.

예수님의 이야기가 빠르게 기록되었다는 사실은 그만큼 많은 증인이 생존해 있다는 사실을 의미한다. 어떤 사건이 실제로 일어난 사건인지를 믿으려면 신뢰할 만한 증인이 필요하며, 증인은 많을수록 좋다. 그런데 성경에는 예수님을 목격한 다양한 인물의 이름과 인물들이 행한 일이 상세히 기록되어 있으며, 기록 당시 목격자의 대부분은 생존해 있었다. 만약 성경의 기록이 의심스럽다면, 그들에게 직접 물어볼 수도 있었다. 그리고 이들 중에는 예수님과 제자들에게 호의적인 사람도 있었지만, 그러지 않은 사람도 많았다. 특히 당시는 기독교 박해가 매우 심했던 시기였다. 따라서 기록을 거짓으로 조작하거나 꾸며내기는 어려웠다.

또한 예수님에 대한 성경의 기록은 매우 비생산적이다. 누군가 어떤 이야기를 조작하거나 새롭게 지어낼 때는 그렇게 행동할 목적이 있을 것이다. 제자들이 예수님을 신격화하여 이야기를 지어냈다면, 그에 대응하는 목적이 있어야 한다. 그런데 성경의 기록에는 이런 목적에 도움이 되지 않는 내용이 많이 포함되어 있다. 성경에는 제자들에 대한 여러 기록이 나온다. 그런데 초대 교회의 지도자였던 이들에 대한 성경의 기록은 이들을 시종일관 옹졸하고 질투가 많으며 예수님의 말씀을 이해하지 못하여 예수님을 계속해서 실망시키는 겁쟁이와 배신자로 묘사하고 있다.

대표적인 예는 초대 교회 지도자였던 베드로다. 분명 교회의 지도자였던 베드로의 훌륭한 평판과 미담은 기독교를 전파하는 데 도움이 될 것이다. 그럼에도 성경에는 베드로가 얼마나 결점이 많은 사람이었는지를 진솔하게 기록하고 있다. 특히 예수님이 십자가에 달리시던 날, 베드로가 자기 스승을 배신하고 저주하다시피 외면하고 도망쳤던 이야기를 상세히 기록하고 있다. 성경은 도대체 왜 교회의 중심인물이 저지른 끔찍한 실수를 적나라하게 기록하고 있을까? 특히 명예를 중요시하는 당시 문화에서는 이런 잘못을 저지른 사람은 지도자의 자격은 물론 그가 전하는 메시지의 신빙성 자체를 떨어뜨렸을 것이다. 만약 성경이 지어내고 꾸며진 것이라면 이런 이야기를 기록할 이유가 전혀 없다.

마지막으로 전설이나 신화는 사람들의 입에서 입으로, 손에서 손으로 옮겨지면서 각색되고 부풀려진다. 왜냐하면 기록자들이 이 이야기가 거짓임을 알기 때문이다. 하지만 성경은 전혀 그렇지 않다. 성경이 기록될 당시는 인쇄술이 발달하지 않았기 때문에 성경을 손으로 직접 받아 적었다. 그런데 이렇게 제작된 사본은 오랜 세월이 흘렀음에도 불구하고 이전에 제작된 사본들과 그 내용이 동일하다. 심지어 오류처럼 보이는 내용들조차 수정하지 않았다. 왜 그럴까? 전설이나 신화와는 달리 성경은 '사실'이기 때문이다.

THINK

성경은 다른 신화나 전설과는 달리 사실에 대한 기록이라는 것을 믿는가? 이 사실이 우리에게 주는 의미는 무엇이라고 생각하는가?

2과 영적 성장 PLUS⁺
넷째 날

마음의 밧줄

코끼리는 육지에 사는 동물 중 가장 몸집이 큰 동물이다. 매일 약 300킬로그램에 달하는 풀이나 나뭇가지, 뿌리, 열매를 먹고, 100L 정도의 물을 마셔야 하기에, 코끼리는 하루에 18-20시간을 먹으며 보낸다. 그런데 서커스를 보면 작은 사람이 큰 코끼리를 능숙하게 다루는 모습을 보게 된다. 그럼 어떻게 자기 몸보다 몇 배나 큰 코끼리를 길들일 수 있었을까?

조련사는 코끼리가 어릴 때, 코끼리의 발에 밧줄을 묶어둔다. 새끼 코끼리는 밧줄에 매여 아등바등하며 자기 힘으로 밧줄을 끊으려고 하다가 결국 그럴 수 없음을 깨닫게 된다. 그리고 그 후에는 밧줄을 끊을 만큼 힘이 생겨도 밧줄에서 벗어날 생각을 하지 못하고 얌전히 밧줄에 묶여 있게 된다. 과거의 실패에 갇혀 자신이 가진 능력을 충분히 활용하지 못하는 것이다. 결국 실패의 경험이라는 보이지 않는 마음의 밧줄에 매여 있는 셈이다. 따라서 새로운 도전과 변화를 추구해야 할 때 무엇보다도 필요한 것은 마음의 밧줄부터 끊어내는 작업이다.

성경을 읽을 때도 마찬가지다. "성경에 나오는 사람들이랑 나는 달라. 특별한 사람들의 이야기지, 나같이 평범한 사람에게는 해당하지 않아"라며 성경을 자신과 무관한 이야기로 받아들이거나, "과거에 나도 다 해봤어. 열심히 성경도 읽고 성경대로 살려고 했는데, 안 돼"라며 과거의 경험으로 자신의 한계를 그을 수도 있다. "성경은 이해하기에 너무 어려워. 그냥 예수만 잘 믿으면 되지"라며 성경을 멀리할 수도 있다. 따라서 성경을 읽을 때 우리의 내면에 이런 마음의 밧줄이 있는지 점검해 보아야 한다. 마음의 밧줄로부터 자유로워질 때 성경은 우리에게 더욱 가까이 다가오게 될 것이다.

> **THINK**
>
> 당신에게도 혹시 마음의 밧줄이 있는가? 인생길을 걷거나 성경을 읽을 때 당신에게 마음의 밧줄이 있다면 무엇인지 점검해 보라.

2과 영적 성장 PLUS⁺
다섯째 날

안개 속을 걷기

미국 캘리포니아의 '벤추라'라는 작은 마을에 이사를 온 가정이 있었다. 그 가정에는 두 명의 자녀가 있었는데, 둘 다 앞을 보지 못하는 시각장애인이었다. 낯선 곳에 이사를 왔기 때문에 아이들이 길을 익히는 것이 급선무였다. 그래서 그 아이들의 어머니는 매일 아침 두 아이를 데리고 학교로 가는 길을 함께 걸으며 지형지물을 일일이 설명하였다. "얘야, 여기는 철조망이 있어, 조심해야 해." "이쪽은 길이 굽어 있단다." "여기는 길이 두 갈래인데, 오른쪽은 차도니까 조심해야 한다."

얼마 동안 엄마는 아이들에게 학교로 가는 길을 가르쳤다. 그리고 아이들은 엄마가 더 이상 따라가지 않아도 학교를 찾아갈 수 있게 되었다. 그런데 어렴풋하게 앞을 볼 수 있던 다니엘은 조금이나마 볼 수 있었기 때문에 엄마의 말을 소홀히 여기고 앞서 걸어갔다. 그러나 딸아이 게일은 엄마의 말을 마음 깊이 새겼다. 왜냐하면 앞을 전혀 보지 못하는 게일에게는 엄마의 말이 생명이고 빛이었다. 그래서 엄마가 가르쳐준 것을 자세하게 마음에 담아서 그 말대로 길을 따라 학교에 다녔다.

어느 날 아침 갑자기 짙은 안개가 그 마을을 덮었다. 그러자 그동안 약간의 시력으로 자신만만하게 걸어갔던 다니엘은 짙은 안개 속에서는 조금도 앞으로 나갈 수가 없었다. 보도블록에 걸려 넘어지기도 하고, 담장에 부딪힐 때마다 비명을 지르다가 나중에는 누나의 손을 꼭 잡고 따라갔다.

그러나 전혀 앞을 보지 못하는 게일은 안개가 끼었든, 햇빛이 나든 아무 상관이 없었다. 왜냐하면 엄마가 가르쳐준 대로만 발을 옮겨 놓으면 되었기 때문이다. 안개가 끼었지만, 게일에게는 길이 환히 열려 있었다. 눈은 감았지만, 게일의 마음은 활짝 열려 있었던 것이다. 그러므로 전혀 문제가 되지 않았다.

사람들은 다니엘처럼 조금 앞을 볼 수 있다는 엉뚱한 자신감을 지니고 길을 걸어간다. 그리고 하나님의 말씀에 별로 주의를 기울이지 않는다. 설교를 들어도 건성으로 듣고, 말씀을 읽어도 대충 읽는 것으로 끝난다. 그러다가 인생의 폭풍을 만나고, 깊은 안개가 덮이고 나면, 그제야 자신이 가진 지혜나 능력이 얼마나 보잘것없는지를 깨닫는다. 하나님의 말씀보다 앞서가기보다는, 하나님의 말씀을 깊이 마음에 새기고 그 길을 따라가는 그리스도인이 되길 소망해 본다.

당신은 이야기 속의 나오는 두 자녀 중 누구와 가깝다고 생각하는가? 당신에게 필요한 하나님의 말씀을 대하는 자세는 무엇이라고 생각하는가?

3과

우리를
도우시는
하나님

3과
우리를 도우시는 하나님

주제 성구 요한복음 14장 14절

"내 이름으로 무엇이든지 내게 구하면 내가 행하리라."

다루는 내용

- 기도 응답을 확신할 수 있는 근거를 이해한다(1-3번).
- 바른 기도의 내용은 무엇인지 배운다(4-5번).
- 어떤 태도로 기도해야 하는지에 대해 배우고 익힌다(6-8번).

이야기 셋, 엘리야

열왕기상 18장 41-46절

41 엘리야가 아합에게 이르되 올라가서 먹고 마시소서 큰 비 소리가 있나이다

42 아합이 먹고 마시러 올라가니라 엘리야가 갈멜 산 꼭대기로 올라가서 땅에 꿇어 엎드려 그의 얼굴을 무릎 사이에 넣고

43 그의 사환에게 이르되 올라가 바다쪽을 바라보라 그가 올라가 바라보고 말하되 아무것도 없나이다 이르되 일곱 번까지 다시 가라

44 일곱 번째 이르러서는 그가 말하되 바다에서 사람의 손 만한 작은 구름이 일어나나이다 이르되 올라가 아합에게 말하기를 비에 막히지 아니하도록 마차를 갖추고 내려가소서 하라 하니라

45 조금 후에 구름과 바람이 일어나서 하늘이 캄캄해지며 큰 비가 내리는지라 아합이 마차를 타고 이스르엘로 가니

46 여호와의 능력이 엘리야에게 임하매 그가 허리를 동이고 이스르엘로 들어가는 곳까지 아합 앞에서 달려갔더라

아이스브레이크 † 나에게 기도란?

준비물: A5 용지, 필기구

"나에게 기도란 _____ 이다."

각자 빈칸에 들어갈 말을 적게 한 후, 함께 나누어보자. 이를 통해 기도에 대한 서로의 생각을 나눌 수 있게 된다. 주의 깊게 서로의 생각을 나누다 보면 자신이 기도에 대해 피상적으로 알고 있는지 또는 기도를 통해 깊은 은혜를 체험하고 있는지를 느끼게 될 것이다. 이 시간을 통해 기도가 주는 은혜가 무엇인지 구체적으로 깨닫고, 그 은혜를 자신의 것으로 만들게 될 것이다.

마음의 문을 열며

오늘은 기도에 대해 배우게 됩니다. 하나님을 믿은 후, 제일 먼저 배우게 되는 것은 기도입니다. 그만큼 기도는 그리스도인만이 누릴 수 있는 특권입니다. 안타까운 것은 기도의 특권을 누리지 못하고 살아가는 사람이 많다는 사실입니다(참고 야고보서 4:2b). 기도하지 않아 얻지 못하는 것이 우리 인생의 가장 큰 손해라고 해도 과언이 아닙니다. 오늘은 엘리야에 대해 배우게 됩니다. 엘리야는 이스라엘 역사상 가장 위대한 선지자 중 하나로 그가 활동했던 때는 매우 암울한 시기였습니다. 하지만 그는 믿음과 기도로 하나님이 주시는 큰 은혜를 누리는 영광을 맛보았습니다. 오늘 이 시간을 통해 엘리야처럼 기도할 줄 아는 사람이 되길 소망해 봅니다.

> 참고 **야고보서 4:2b** … 너희가 얻지 못함은 구하지 아니하기 때문이요

🔊 오늘은 무엇에 대해 배우게 되는가?

오늘은 기도에 대해 배우게 된다. 기도는 신앙생활의 가장 기본적인 것이다. 기도를 통해 우리는 하나님이 주시는 은혜를 맛볼 수 있고, 영적으로도 성장과 성숙을 이루어갈 수 있다. 안타까운 사실은 많은 사람이 기도의 중요성을 알면서도 정작 기도를 하지 않는다는 점이다. 야고보서 4장 2절 하반절에서는 "…너희가 얻지 못함은 구하지 아니하기 때문이요"라고 말한다. 만약 이 말이 사실이라면, 기도하지 않는다는 사실은 매우 큰 손실이다. 그렇다면 왜 우리는 기도하지 않을까? 그 이유는 여러 가지가 있겠지

만, 그만큼 기도가 쉬우면서도 동시에 어렵기 때문일 것이다. 이 시간에는 기도의 사람으로 잘 알려진 엘리야를 통해 기도란 무엇이며, 어떻게 기도해야 하는지에 대해 배워보도록 하자.

말씀의 씨를 뿌리며

기도의 근거

1 오늘 본문에는 아합과 엘리야라는 사람이 등장합니다. 아합은 당시 이스라엘을 다스리던 왕이었고, 엘리야는 하나님의 말씀을 전하는 선지자였습니다. 엘리야는 아합에게 무엇이라고 말합니까? 그런 다음 엘리야는 갈멜산 꼭대기에 올라가서 무엇을 했습니까? (41-42절)

> 41 엘리야가 아합에게 이르되 올라가서 먹고 마시소서 큰 비 소리가 있나이다 42 아합이 먹고 마시러 올라가니라 엘리야가 갈멜 산 꼭대기로 올라가서 땅에 꿇어 엎드려 그의 얼굴을 무릎 사이에 넣고

🔊 41-42절에서는 무엇이라고 말하는가?

엘리야가 아합에게 "올라가서 먹고 마시소서 큰비 소리가 있나이다"라고 말한다. 큰비가 내릴 것이니까 안심하고 올라가서 쉬라고 말한 것이다. 당시 이스라엘에는 큰 가뭄이 들었고, 이로 인해 온 나라가 곤고함과 궁핍함에 처해 있었다. 그런 다음 엘리야는 갈멜산 꼭대기로 올라가서 기도한다. 특히 그는 땅에 꿇어 엎드려 그의 얼굴을 무릎 사이에 넣고 기도했다. 그만큼 간절한 마음으로 기도하고 있음을 우리는 알 수 있다.

🔊 그렇다면 엘리야가 왜 이렇게 간절히 기도했는지 2번 문제를 통해 살펴보자.

---

2 엘리야는 갈멜산 꼭대기로 올라가 땅에 꿇어 엎드린 후 얼굴을 무릎 사이에 넣고 간절히 기도했습니다. 엘리야가 이렇게 간절히 기도할 수 있었던 이유는 무엇이라고 생각하십니까?

🔊 엘리야가 간절히 기도한 이유는 무엇일까?

바로 확신이 있었기 때문이다. 엘리야는 아합에게 큰비가 내릴 것이라고 말한다. 당시에는 아무나 왕 앞에 나갈 수 없었다. 자격이 있는 사람만이 왕 앞에 나갔으며, 적절한 표현과 내용을 갖추어 말해야 했다. 그리고 왕 앞에서 한 말에 대해서는 더욱더 큰 책임이 따랐다. 따라서 오랫동안 가뭄이 지속된 가운데 비가 올 것이라고 왕에게 아뢰는 일은 쉬운 일이 아니었다. 어떤 면에서는 자기 목숨을 걸고 말해야 하는 상황이었을 것이다. 그럼에도 엘리야는 담대히 왕에게 비가 올 것이라고 말한다. 그만큼 그에게는 하나님이 비를 내려주실 것이라는 확신이 있었다. 엘리야가 기도할 수 있었던 이유는 무엇인가? 그것은 확신이 있었기 때문이다. 하나님 앞에 회개하고 간절히 기도하면, 하나님이 응답해 주실 것이라는 분명한 확신이 있었기 때문에 기도한 것이다.

🔊 당신은 어떤가? 하나님이 우리의 기도에 응답하시리라는 확신이 있는가? 3번 문제를 보라.

3 하나님은 우리의 기도에 반드시 응답하십니다. 당신은 이 사실을 믿습니까? 이렇게 말할 수 있는 근거는 무엇인지 다음의 성경 구절에서 찾아보십시오. (요한복음 14:14, 로마서 8:32)

> **요한복음 14:14** 내 이름으로 무엇이든지 내게 구하면 내가 행하리라

🔊 요한복음 14장 14절에서는 무엇이라고 말하는가?

예수님은 자신의 이름으로 무엇이든지 구하면 행할 것이라고 말씀하셨다. 우리가 하나님께 기도할 때 응답해 주실 것이라고 확신하는 근거는 무엇인가? 예수님의 이름 때문이다. 우리는 하나님 앞에 무엇인가를 간구할 자격이 없지만, 하나님의 아들이신 예수님의 이름을 의지하여 기도할 수 있는 것이다. 아들의 이름으로 드린 기도이기에 하나님의 응답을 확신할 수 있는 것이다. 또한 예수님의 약속 때문이다. 예수님은 자신의 이름으로 기도한 것은 무엇이든지 응답해 주실 것이라고 약속하셨다. 예수님은 자신의 약속을 반드시 지키는 신실하신 분이시다. 따라서 우리는 예수님의 약속에 근거하여 응답해 주실 것이라고 확신할 수 있다.

> **로마서 8:32** 자기 아들을 아끼지 아니하시고 우리 모든 사람을 위하여 내주신 이가 어찌 그 아들과 함께 모든 것을 우리에게 주시지 아니하겠느냐

🔊 로마서 8장 32절에서는 무엇이라고 말하는가?

우리 중에는 '하나님이 기도에 과연 응답하실까? 예수님은 자신의 약속을 반드시 지키실까?'라는 의심이 드는 사람이 있을 수도 있다. 이에 대해 바울은 하나님이 우리의 기도에 반드시 응답하실 것을 확신할 근거를 제시한다. 그 근거는 바로 자기 아들인 예수님을 주셨다는 사실이다. 가장 소

중한 것을 우리를 위해 주셨는데, 과연 무엇을 아끼겠냐는 것이다. 따라서 우리는 기도 응답에 대해 확신할 수 있는 것이다.

이러한 확신이 왜 중요할까? 우리가 기도하지 못하는 이유는 확신이 부족하기 때문이다. 만약 하나님이 응답하실 것이라고 확신한다면, 기도할 수밖에 없다. 이런 점에서 확신의 부족은 우리의 문제다. 성경을 보면 기도 응답을 약속하는 말씀이 너무나 많다. 왜 이렇게 자주 언급하고 있을까? 그만큼 우리가 믿지 못하기 때문이다. 그렇기 때문에 하나님은 반복하여 말씀하시는 것이다. 당신은 기도 응답에 대한 확신이 있는가? 만약 확신이 있다면, 당신은 즐거이 기도하고 있을 것이다. 반대로 말하면 당신이 기도하지 않는 이유는 기도 응답을 확신하지 못하기 때문일 것이다.

🔊 하나님은 우리의 기도에 반드시 응답하신다. 그런데 기도에는 중요한 요소가 한 가지 있다. 그것은 기도의 내용이다. 4번 문제를 보라.

기도의 내용

4 당시 이스라엘은 오랜 기간 비가 내리지 않아 이로 인해 이스라엘의 모든 땅이 매우 큰 궁핍과 곤경에 처해 있었습니다. 오늘 본문에는 산 위에서 엘리야가 어떤 기도를 했는지 기록되어 있지 않습니다. 엘리야가 어떤 내용으로 기도했을 것으로 생각하십니까? (참고 열왕기상 18:37)

> 참고 **열왕기상 18:37** 여호와여 내게 응답하옵소서 내게 응답하옵소서 이 백성에게 주 여호와는 하나님이신 것과 주는 그들의 마음을 되돌이키심을 알게 하옵소서 하매

🔊 열왕기상 18장 37절에서는 무엇이라고 말하는가?

엘리야는 하나님께 자기 기도에 응답해 달라고 간구하고 있다. 그런 다음 응답하셔야 하는 이유가 무엇인지 밝히고 있다. 엘리야는 비가 내리도록 기도하고 있었다. 그럼 왜 비가 오길 원했을까? 물론 극심한 가뭄으로 인해 고통당하는 사람들이 불쌍하기 때문이었을 것이다. 하지만 이것이 전부는 아니었다. 당시 이스라엘 사람들은 하나님 외에 다른 이방 신들을 섬기고 있었다. 엘리야는 이들이 하나님만이 참된 신이시며 이 세상 모든 것을 주관하고 다스리는 분은 하나님 한 분이심을 깨닫고, 하나님께 돌아오게 해달라고 기도한 것이다.

🔊 이런 엘리야의 기도를 보고 어떤 생각이 드는가? 5번 문제를 보라.

---

5 엘리야의 기도를 들으신 하나님의 심정은 어떠셨을지 생각해 보십시오. 기도의 생명은 내용에 있다고 해도 지나치지 않습니다. 그 이유는 무엇일까요? (참고 요한일서 5:14)

> 참고 **요한일서 5:14** 그를 향하여 우리가 가진 바 담대함이 이것이니 그의 뜻대로 무엇을 구하면 들으심이라

🔊 요한일서 5장 14절에서는 무엇이라고 말하는가?

하나님을 향해 우리가 확신을 가질 수 있음은 하나님의 뜻대로 무엇을 구하면 하나님이 들으시기 때문이라고 말한다. 왜 하나님의 뜻대로 기도하는 것이 중요하다고 생각하는가? 자녀가 잘못된 것을 그릇된 동기로 구한다고 가정해 보라. 부모의 입장에서 자녀의 요구를 전부 들어주는 것은 결코 자녀를 위한 일이 아님을 경험적으로 알고 있다. 하나님도 마찬가지시다. 성경이 가르치는 기도는 주체가 사람에게 있지 않고 기도를 받으시는 하나님께 있다. 다르게 말하면 우리의 욕심대로 간청하는 것이 중요한 것이 아니라 하나님의 뜻과 그 간청이 얼마나 일치하느냐가 더 중요하다. 기독교의 기도가 타 종교의 기도와 근본적으로 다른 이유와 기도가 어렵다고 느껴지는 이유도 여기에 있다. 따라서 기도할 때 우리는 하나님의 뜻이 무엇인지 찾고 구할 수 있어야 한다.

그렇다면 어떻게 하나님의 뜻에 합당한 기도를 드릴 수 있을까? 이는 쉬운 일이 아니다. 왜냐하면 하나님의 뜻이 무엇인지 분별하기 어렵기 때문이다. 따라서 하나님에 대해 우리는 계속해서 배워가야 할 것이다. 우리가 하나님이 어떤 분인지를 알게 되면, 그분의 뜻에 합당한 기도를 드릴 수 있게 될 것이다. 많은 사람이 하나님의 뜻을 알고 싶어 한다. 하나님이 직접 말씀하시는지 묻기도 한다. 그런데 하나님이 어떤 분이신지 안다면, 우리는 그분의 뜻이 무엇인지 쉽게 분별하게 된다. 사랑하는 아내가 있다고 가정해 보자. 아내가 특별한 이야기를 하지 않아도, 아내가 무엇을 원하는지 알 수 있다. 만약 아이들과 집에서 놀며 자리를 어지럽혔다고 생각해 보자. 아내가 들어와서 이 모습을 보면 어떻겠는가? 특별한 이야기를 하지 않아도 스스로 자리를 정리할 마음이 든다. 음성을 듣지 못해도, 사실 이미 듣고 있는 것이다.

다만 기도하는 시간은 정답을 맞히는 시간이 아니라는 점을 기억해야 한다. 사실 하나님의 뜻에 합당한 기도만 드려야 한다면, 우리가 드릴 수 있는 기도는 많지 않을 것이다. 무엇이 하나님의 뜻인지 확신할 수 없는 경우가 많기 때문이다. 예를 들어 병이 낫는 것이 하나님의 뜻인지를 어떻게 확신할 수 있겠는가. 그래서 기도에는 '무엇이든지'라는 전제가 붙은 것이다. 우리의 필요를 하나님께 정직하게 구할 수 있어야 한다. 다만 우리의 필요를 구한 후에 하나님의 뜻을 찾고 순종하려고 해야 할 것이다. 겟세마네 동산의 예수님처럼 기도할 수 있어야 하는 것이다. "조금 나아가사 얼굴을 땅에 대시고 엎드려 기도하여 이르시되 내 아버지여 만일 할 만하시거든 이 잔을 내게서 지나가게 하옵소서 그러나 나의 원대로 마시옵고 아버지의 원대로 하옵소서 하시고"(마 26:39). 때로는 정답만을 말하려는 태도가 바른 기도를 드리는 데 방해가 된다. 왜냐하면 하나님은 진심을 원하는데, 가면을 쓰고 기도하는 것처럼 외식하게 되기 때문이다.

🔊 그럼 우리가 어떤 태도와 자세로 기도해야 하는지 계속해서 살펴보자. 6번 문제를 보라.

기도의 태도

6 갈멜산에 올라간 엘리야는 어떻게 기도했습니까? 엘리야에게서 배울 수 있는 기도의 태도는 무엇입니까? (43-44절)

> 43 그의 사환에게 이르되 올라가 바다쪽을 바라보라 그가 올라가 바라보고 말하되 아무것도 없나이다 이르되 일곱 번까지 다시 가라 44 일곱 번째 이르러서는 그가 말하되 바다에서 사람의 손 만한 작은 구름이 일어나나이다 이르되 올라가 아합에게 말하기를 비에 막히지 아니하도록 마차를 갖추고 내려가소서 하라 하니라

🔊 43-44절에서는 무엇이라고 말하는가?

갈멜산 위에서 기도하던 엘리야는 자신과 함께 간 사환에게 꼭대기로 올라가서 바다 쪽을 바라보라고 말한다. 사환은 산꼭대기로 올라가 바다 쪽을 바라보았지만, 아무것도 보이지 않았다. 그러자 엘리야는 다시 기도했고, 또 사환에게 올라가 보라고 말했다. 이렇게 엘리야는 기도한 후 사환을 산꼭대기로 올려 보내는 일을 일곱 번 반복했다. 성경에서 7은 완전수로 일곱 번까지 기도했다는 것은 온전히 기도했다는 뜻이다.

그럼 왜 엘리야는 사환을 꼭대기로 보내어 확인하도록 했을까? 그것은 기대감 때문이었다. 일곱 번째 올라갔을 때, 사환은 손만 한 작은 구름이 일어나는 것을 보았다. 이를 엘리야에게 전하자, 엘리야는 아합에게 가서 비가 내리기 전에 내려가라고 권한다. 저 멀리서 보이는 작은 구름 하나만으로도 엘리야는 비가 내릴 것이라고 확신했다. 따라서 엘리야가 사환을 산 위로 보내어 확인하게 한 이유는 의심이나 염려 때문이 아니라 기대감 때문임을 알 수 있다. 하나님이 언제, 어떻게 비를 내려주실지 기대하며 기도한 것이다.

그런데 사환이 아무것도 보이지 않는다고 했을 때 엘리야의 심정은 어땠을까? 확신을 두고 기도하고 있지만, 어떤 응답의 조짐도 보이지 않았다. 굉장히 실망스러운 상황임에도 불구하고 엘리야는 계속해서 기도한다. 우리의 상황도 마찬가지다. 하나님께 기도했을 때 모든 기도가 즉각적으

로 응답되는 것은 아니다. 그럴 때라도 우리는 믿음을 가지고 기도하며 기다릴 수 있어야 할 것이다.

🔊 그럼 엘리야는 어떻게 이런 상황 속에서도 낙심하지 않고 기도할 수 있었을까? 7번 문제를 보라.

7 사환을 여섯 번이나 보냈지만, 어떤 응답도 없었습니다. 그럼에도 엘리야는 끝까지 기도합니다. 우리의 기도가 더디 응답될 때 기억해야 할 사실은 무엇이라고 생각하십니까? (마태복음 7:11, 참고 갈라디아서 6:9)

> **마태복음 7:11** 너희가 악한 자라도 좋은 것으로 자식에게 줄 줄 알거든 하물며 하늘에 계신 너희 아버지께서 구하는 자에게 좋은 것으로 주시지 않겠느냐
>
> **참고 갈라디아서 6:9** 우리가 선을 행하되 낙심하지 말지니 포기하지 아니하면 때가 이르매 거두리라

🔊 마태복음 7장 11절에서는 무엇이라고 말하는가?

예수님이 아버지의 비유를 소개하신다. 악한 자도 자녀에게는 좋은 것을 주려고 노력한다. 마찬가지로 하늘에 계신 우리의 아버지 되시는 하나님 역시 구하는 자에게 좋은 것을 주실 것이라고 말씀하셨다. 하나님이 우리에게 응답하시는 방식은 크게 세 가지로 나눌 수 있다. 첫째는 "yes"이다. 하나님이 우리의 기도에 즉각적으로 응답하시는 경우가 있다. 둘째는 "delay"이다. 우리의 기도에 응답하시되 더디 응답하시는 것이다. 왜일까? 더 좋은 때를 기다리시는 것이다. 자녀를 양육할 때 자녀가 요구하는 것을 즉각적으로 전부 들어주진 않는다. 어떤 것은 시간이 흘러서 더욱 더 성숙해진 후에 주는 것도 있다. 아무리 아이들이 좋아하는 장난감도 특

정 연령대가 지나야 가지고 놀 수 있는 것이 있기에, 기다리는 것이다. 셋째는 "no"이다. 하나님이 우리의 기도와는 다른 것으로 응답하시는 경우가 있다. 이럴 경우라도 우리는 확신을 가져야 한다. 어떤 확신인가? 아버지 되신 하나님이 좋은 것을 주실 것이라는 확신이다. 더 좋은 것을 주시기 위해 우리가 구하는 것과는 다른 것들로 응답하시는 것이다. 당신은 어떤가? 당신은 기도하는 자에게 하나님이 좋은 것을 주실 것이라고 확신하는가?

우리 중에 확신이 부족한 사람이 있을 수 있다. 확신이 부족한 이유는 여러 가지가 있겠지만, 그중 하나는 지식의 부재 때문이다. 하나님이 어떤 분이신지 모를 때, 확신이 부족할 수 있다. 또한 확신이 흔들리는 경우가 있다. 머리로는 알지만, 감정적으로 흔들리는 것이다. 기도해야 하는 이유도 여기에 있다. 응답이 더디더라도 기도하다 보면 하나님이 믿음을 주시고, 내 기도와 다르게 응답하실 때도 마음을 미리 준비시켜 주신다.

🔊 엘리야는 확신을 두고 끝까지 기도했다. 그 결과 어떤 일이 있었는지 8번 문제를 통해 계속해서 살펴보자.

8 마침내 하나님은 엘리야의 기도대로 큰비를 내려주십니다. 비가 내리자 엘리야는 어떤 반응을 보였습니까? 여기서 알 수 있는 사실은 무엇입니까?
(45-46절, 참고 누가복음 17:15-16)

> **45** 조금 후에 구름과 바람이 일어나서 하늘이 캄캄해지며 큰 비가 내리는지라 아합이 마차를 타고 이스르엘로 가니 **46** 여호와의 능력이 엘리야에게 임하매 그가 허리를 동이고 이스르엘로 들어가는 곳까지 아합 앞에서 달려갔더라

> 참고 **누가복음 17:15-16** **15** 그 중의 한 사람이 자기가 나은 것을 보고 큰 소리로 하나님께 영광을 돌리며 돌아와 **16** 예수의 발 아래에 엎드리어 감사하니 그는 사마리아 사람이라

🔊 45-46절에서는 무엇이라고 말하는가?

큰비가 내리자 아합은 마차를 타고 이스르엘로 갔다. 그런데 그때 엘리야에게 하나님의 능력이 임하여 엘리야는 이스르엘까지 아합 앞에서 달려가게 된다. 엘리야의 모습에서 알 수 있는 것은 무엇인가? 오늘 본문은 엘리야가 왜 달려갔으며, 어떻게 달렸는지에 대해 자세히 기록하고 있지 않다. 다만 엘리야가 왜, 어떻게 달렸는지 유추해 볼 수는 있다. 이스라엘에는 오랫동안 비가 오지 않았다. 그렇게 기다리던 비가 오니까 얼마나 기뻤겠는가. 특히 하나님의 응답에 얼마나 감격이 넘쳤겠는가. 아마 엘리야는 기도 응답에 대한 기쁨과 감사가 넘쳐 하나님의 하나님 되심을 외치며 아합왕 앞을 달려갔을 것이다. 우리 삶 가운데 감사와 기쁨이 사라지는 이유는 우리가 기도하지 않기 때문일지 모른다.

🔊 '삶의 열매를 거두며'를 보라.

삶의 열매를 거두며

엘리야는 간절한 마음으로 끝까지 하나님께 기도했습니다. 그가 이렇게 기도할 수 있었던 것은 좋은 것을 주시는 아버지 되신 하나님에 대한 확신과 기대감이 있었기 때문입니다. 당신도 엘리야처럼 확신을 두고 기도할 수 있는 사람인지 점검해 보십시오. 이번 한 주간 언제, 어디서, 무엇을 가지고 기도할지 정한 후 기도하는 시간을 갖기를 바랍니다.

🔊 각자 이야기를 나누어보라.

> 기도에 대해 배울 때 주의해야 할 점은 기도를 아는 단계에서 멈추는 것이다. 기도에 대해 배우고 아는 것도 중요하지만, 가장 중요한 것은 실제로 무릎을 꿇고 기도하는 것이다. 기도를 꾸준히 하다 보면, 기도가 주는 은혜도 맛보고 기도에 대해 더욱더 깊이 깨닫게 된다. 따라서 이번 한 주간 구체적으로 언제, 어떻게 기도할지에 대해 결단할 수 있도록 인도하고 마무리하자.

3과 영적 성장 PLUS⁺
첫째 날

우리의 기도는 응답될까요?

뉴욕 타임스에 한국과 미국의 의학 전문가들이 난임 치료에 대하여 공동으로 연구한 결과가 실린 적이 있다. 바로 차병원과 컬럼비아 의대 산부인과에서 공동으로 연구한 '제삼자의 기도와 난임 치료의 연관 관계'에 대한 연구 결과를 발표한 것이다. 그들은 1998년부터 1999년 사이에 차병원에서 난임 치료를 받은 199명의 환자와 미국, 캐나다, 호주의 기독교 신자들을 대상으로 '기도와 임신 성공률'에 대해 조사했다.

연구진은 난임 치료를 받는 환자들이 실험 내용을 전혀 모르는 상태에서 환자를 크게 두 그룹으로 나누었다. 그런 다음, 한 그룹은 미국, 캐나다, 호주에 있는 각기 다른 종파의 기독교 신자들에게 환자의 사진을 나누어주고 그들이 임신에 성공할 수 있도록 기도를 부탁했고, 다른 한 그룹은 그대로 두었다. 시간이 지난 후, 두 그룹을 비교해 보니 중보 기도를 받으며 난임 치료를 받은 여성들의 임신 성공률이 그렇지 않은 여성들의 임신 성공률보다 약 두 배 높았다. 공동 연구자인 로보 박사는 이렇게 말했다.

"연구 결과가 도저히 있을 수 없는 일처럼 느껴졌기 때문에 이를 발표해야 할지 오랫동안 고민했습니다. 하지만 두 그룹 사이의 성공률 차이가 너무나 컸기 때문에 무시할 수가 없었습니다."

물론 이런 결과를 우연의 일치라거나 통계적 오류라고 무시할 수도 있다. 기도 응답의 결과를 실험과 같은 방식으로 입증하는 것은 불가능한 것이 사실이다. 다만 우리는 하나님이 자기 기도에 응답하셨다고 고백하는 사람들을 자주 만나게 된다. 만약 이들의 말처럼 하나님이 정말 우리의 기도에 응답하신다면, 우리가 기도하지 않아 하나님이 주시는 응답을 누리지 못하는 것만큼 인생의 큰 손해와 낭비는 없을 것이다.

사실 우리의 기도가 우리가 기도한 '그대로' 반드시 응답되는 것은 아니다. 이런 점에서 기도가 응답되지 않는 것처럼 느껴질 때도 많다. 왜냐하면 기본적으로 기도는 요청이기 때문이다. 기도는 자동판매기나 마법이 아니다. 기도라는 동전을 넣고 원하는 제품을 누르면 얻게 되는 기계가 아니며, 주문을 외우면 저절로 이루어지는 마술은 더욱이 아닌 것이다. 기도는 인격적인 대화이자 요청이며, 요청이란 본질적으로 상대방이 승낙할 수도 있고 그러지 않을 수도 있다.

다만 그럼에도 기도 응답을 확신할 수 있는 이유가 있다. 그것은 요청의 대상인 하나님의 약속이 있기 때문이다. 하나님은 성경 곳곳에서 기도하는 자에게 반드시 응답하겠다고 약속하셨다. 따라서 하나님의 약속이야말로 다른 무엇보다 기도 응답에 대한 확실한 보증이 된다. 약속의 말씀이 있고 하나님은 자신의 약속을 반드시 지키는 신실한 분이시기에, 기도 응답의 확신을 가질 수 있는 것이다.

"일을 행하시는 여호와, 그것을 만들며 성취하시는 여호와, 그의 이름을 여호와라 하는 이가 이와 같이 이르시도다 너는 내게 부르짖으라 내가 네게 응답하겠고 네가 알지 못하는 크고 은밀한 일을 네게 보이리라"(렘 33:2-3).

> **THINK**
>
> 우리가 기도 응답을 확신해도 좋을 이유가 어디에 있다고 생각하는가? 오늘 하루 약속의 말씀을 붙잡고 기도해야 할 제목은 무엇인가?

3과 영적 성장 PLUS⁺
둘째 날

우리의 필요를 아시는데 왜 기도하나요?

성경은 하나님이 전지한 분이시라고 말한다. 따라서 하나님은 우리에게 무엇이 필요한지를 누구보다 잘 아신다. 동시에 하나님은 선하신 분이다. 따라서 하나님은 우리의 필요를 아실 뿐 아니라, 좋은 것으로 채우실 것이다. 그렇다면 여기서 의문이 생긴다. 하나님이 모든 필요를 아시고 좋은 것으로 주실 텐데, 굳이 기도하는 이유는 무엇일까? 하나님은 우리의 요구나 조언이 필요하신 분이 아닌데, 왜 우리는 기도해야 하는가?

부모가 자녀에게 용돈을 줄 때, 자녀를 직접 만나서 줄 수도 있고, 다른 누군가를 통해 전달해 줄 수도 있다. 즉 다양한 방법으로 용돈을 줄 수 있는 것이다. 부모는 자녀를 위해 얼마의 용돈을 줄지는 물론, 용돈을 주는 방법까지도 결정하게 된다. 하나님도 마찬가지다. 하나님은 우리의 필요를 채우기 위해 어떤 방법을 사용하실지 결정하신다. 그런데 하나님이 선택하신 방법이 기도다. 기도라는 방법을 통해 인간의 필요를 채우기를 원하시는 것이다.

그럼 왜 하나님은 기도라는 방법을 선택하셨을까? 무엇보다도 하나님은 인간을 하나님의 동역자로 세우길 원하시기 때문이다. 프랑스의 철학자이자 수학자인 블레즈 파스칼은 "하나님이 기도를 만드신 목적은 피조물에게 '어떤 일을 유발하는 존재'로서의 특권을 부여하기 위해서"라고 말했다. 하나님은 인간에게 존엄성을 부여하기 위해 기도라는 방법을 택하셨다. 따라서 기도는 무엇보다도 큰 특권임을 알 수 있다.

둘째로 기도 자체가 주는 은혜 때문이다. 투자의 귀재로 알려진 워런 버핏은 빈곤층을 돕기 위해 매년 '버핏과의 점심'이라는 자선 행사를 연다. 두세 시간 동안 버핏과 식사를 하며 대화를 나누는 이 행사에 사람들은 수십억 원의 기부금을 내면서 참여한다. 그럼 사람들은 왜 이렇게 큰 비용을 내면서 버핏과 점심을 먹고 싶어 할까? 기부라는 좋은 의도도 있지만, 버핏과 만나는 시간이 주는 유익 때문일 것이다. 특정 분야의 전문가를 만나는 것도 이렇게 값진데, 모든 세계를 지으신 하나님과의 만남은 얼마나 귀하겠는가? 기도를 통해 우리가 누리는 가장 큰 축복은 바로 기도의 자리, 즉 하나님과 만나는 것 자체가 주는 은혜다. 하나님이 기도를 통해 우리의 필요를 채우시는 이유는 기도의 자리가 주는 은혜를 우리가 맛보고 누리게 하기 위함이다.

셋째로 변화와 성숙을 위해서다. 분명 하나님은 우리에게 무엇이 필요한지 누구보다 잘 아신다. 오히려 무엇이 필요한지 알아야 할 사람은 바로 우리 자신이다. 어린아이에게 무엇이 필요한지는 누구보다도(때로는 자녀보다도) 부모가 잘 안다. 기도는 우리에게 무엇이 진정으로 필요한지 발견하고, 우리의 생각과 삶을 재조정하는 시간이 되는 것이다. 기도는 하나님과의 대화를 통해 내면의 변화와 성숙을 맛보는 시간이라고 할 수 있다. 이런 점에서 기도는 훈련의 장이라고 말할 수 있다. 하나님은 우리의 변화와 성숙을 원하시기에 기도라는 방법으로 우리의 필요를 채우시는 것이다.

당신은 기도의 자리에서 누리는 은혜와 변화를 맛본 적이 있는가? 오늘 내 기도에서 변화가 필요한 부분이 있다면 무엇이라고 생각하는가?

3과 영적 성장 PLUS⁺
셋째 날

고상한 것만을 위해 기도해야 하나요?

우리가 기도할 때 조심해야 할 점 가운데 하나는 영적인 것만을 기도하려는 태도다. 우리 안에는 영적인 것과 육적인 것을 구분하며 영적인 것은 좋은 것이고, 육적인 것은 나쁜 것으로 보는 경향이 존재한다. 그래서인지 몰라도 먹고사는 문제를 위해 기도하는 것에 대해 소극적인 태도를 보일 때가 있다. 하지만 이런 경향은 플라톤주의에서 비롯된 것이지, 기독교의 주장과는 거리가 멀다. 오히려 예수님은 '일용할 양식'을 위해 기도하고, 이 땅을 살아가는 데 필요한 모든 것을 위해 적극적으로 구하라고 가르치셨다.

그럼 왜 양식을 위해 기도해야 할까? 무엇보다도 하나님의 주권을 인정하기 때문이다. 교회를 다니면서 제일 먼저 배우는 것이 있다면, 식사 기도일 것이다. 생각해 보면 내 힘으로 노력해서 얻은 음식인데, 왜 하나님께 감사해야 할까? 그것은 하나님의 도우심 없이는 결코 한 끼의 식사도 할 수 없을 것이라 믿기 때문이다. 다르게 말하면 자기 힘으로 먹고살 수 있다고 생각하는 사람은 결코 먹고사는 문제를 위해 기도하지 못한다. 이런 점에서 양식을 위한 기도는 하나님의 주권을 인정한 사람만이 드릴 수 있는 기도라고 할 수 있다.

둘째로 진실한 기도를 드리기 위함이다. 정작 마음속에는 B에 대한 갈망뿐인데 하나님께 억지로 A를 열심히 구한다면 어떻게 되겠는가? 만약 우리가 하나님이라면 무엇을 더 원할까? 마음에도 없는 공허한 메아리와 같은 미사여구보다는, 서툴지만 마음이 담긴 내면의 소리를 더 원할 것이다. 하나님이 바라시는 것은 '우리 안에 마땅히 있어야 할 모습'이 아니라, '우리의 속마음 그대로'임을 기억해야 한다.

"소음은 듣지 않으려 할 때 가장 크게 들린다"라는 말이 있다. 또 실제로 코끼리를 10초 동안 생각하지 말라고 말하는 순간, 오히려 더 코끼리를 생각하게 된다고 한다. 내 마음속에 있는 생각을 억누르고 다른 기도만을 한다면, 오히려 나머지 기도들조차 제대로 드리지 못하게 될 것이다. 따라서 우리 안에 있는 필요와 갈망을, 그것이 무엇이든지 솔직하게 하나님께 기도할 수 있어야 한다.

셋째로 바른 기도를 드리기 위함이다. 기도할 때 조심해야 할 점 중 하나는 정답만을 기도하려는 태도다. 하지만 이런 태도는 오히려 바른 기도를 드리는 데 방해가 되는 경우가 많다. 반대로 우리 안의 생각을 솔직하게 하나님께 고백하고 내려놓으면, 하나님이 우리의 기도를 바르게 고쳐주신다. 꼭꼭 숨겨진 생각보다는 솔직히 드러난 마음이 더 다듬기 쉽기 때문이다.

우리는 작고 사소한 문제보다는 크고 중요하고 의미 있는 문제를 기도해야 한다고 생각하기 쉽다. 하지만 작은 어려움이 있을 때 하나님을 찾지 않는 사람은 큰 시련이 닥쳐도 하나님을 찾지 않을 위험이 더 크다. 따라서 기도가 너무 고상해지면 안 된다. 육적인 필요에서부터, 그것이 아주 사소한 것일지라도 적극적으로 구할 줄 알아야 한다. 어쩌면 우리가 작은 일로 기도하지 않는 이유는 하나님의 위엄보다는 우리의 체면 때문일지도 모른다.

> **THINK**
>
> 지금 당신이 느끼는 가장 시급한 필요는 무엇인가? 그것을 하나님께 솔직히 내려놓고, 채워달라고 기도하자.

3과 영적 성장 PLUS⁺
넷째 날

기도하는 것이 짐이 되나요?

하나님은 우리의 기도를 기뻐하시며, 우리 역시 기쁘게 기도하기를 원하신다. 안타까운 점은 기도가 기쁨으로 다가오기도 하지만, 때로는 짐으로 느껴지는 경우도 많다는 것이다. 그럼 우리는 어떻게 해야 기쁘게 기도할 수 있을까?

기도가 짐으로 느껴지는 원인 중 하나는 기도를 바라보는 시각이다. 성경은 열심을 가지고 기도하라고 가르친다. 다만 얼마나 열심히 기도했느냐에 따라 응답이 결정되는 것이 아니다. 기도 응답에 대해 확신할 수 있는 이유는 인간의 공로가 아니라 하나님의 은혜다. 이 점은 다른 종교의 기도와 기독교가 말하는 기도의 차이이기도 하다.

기도 응답을 인간의 공로(기도라는 노력의 결과)라고 생각할 때, 우리는 두 가지 위험에 빠지기 쉽다. 하나는 교만이고, 다른 하나는 죄책감이다. 응답이 될 경우 자기 노력으로 이루어진 것이기에 교만해지기 쉽고, 응답이 되지 않을 경우 자기 노력이 부족한 것이기에 죄책감에 빠지기 쉽다. 결국 기도 응답을 인간의 공로로 바라볼 때, 기도는 짐이며 두려움으로 다가올 수밖에 없는 것이다.

기도는 거래가 아니다. 우리의 기도에 하나님이 은혜로 공짜 응답을 하시는 것이다. 이 사실을 잊지 않을 때, 우리는 기도의 기쁨을 잃지 않을 수 있다. 하나님은 언제나 자격 없는 우리의 기도를 기뻐하시며 우리의 기도에 응답하실 것이란 확신이 있을 때, 우리의 부족함(서투른 언어와 부족한 열심, 때로는 부정직한 동기)에도 불구하고 기쁘게 기도할 수 있는 것이다.

기도를 짐으로 느끼게 하는 또 다른 원인은 감정이다. 기도를 하다 보면 어느 날에는 하나님의 임재를 느끼며 임재가 주는 기쁨을 누리곤 한다. 그런데 또 다른 날에는 이런 느낌이 전혀 들지 않는 경우가 있다. 다만 기억해야 할 점은 임재와 임재 의식은 차이가 있다는 점이다.

'상상 임신'이라는 말이 있다. 실제로 임신을 하지 않았지만, 임신을 했다고 믿음으로써 임신 증상들이 나타나는 것이다. 그만큼 실제와 우리가 느끼는 감정은 차이가 있다. 우리가 기도할 때 하나님은 우리와 함께하신다. 이때 하나님의 임재를 느낄 수 있는데, 이는 덤으로 주시는 선물이다. 따라서 주실 때 감사하면 그뿐이다. 오히려 임재 의식을 지나치게 추구하다 보면, 기도의 기쁨을 잃고 기도가 짐으로 다가오는 경우가 많다. 우리의 감정은 수시로 변하기 때문이며, 감정이 아니라 사실에 주목할 때 우리는 기쁨으로 기도할 수 있게 된다.

> **THINK**
>
> 우리의 부족함에도 불구하고 하나님은 은혜로 우리의 기도에 응답하신다. 당신은 이 사실을 확신하는가? 이런 확신이 주는 유익을 무엇이라고 생각하는가?

3과 영적 성장 PLUS⁺
다섯째 날

고난이 유익한데, 왜 기도해야 하나요?

종종 고난이 유익이라는 말을 듣는다. 분명 이 말은 사실이다. 고난이 없었다면 결코 발견할 수 없는 진리를 깨닫거나, 고난을 통해 영적인 성장과 성숙, 세상을 살아갈 수 있는 지혜나 힘을 얻을 수 있기 때문이다. 때로는 전화위복이라는 말처럼 고난이 복으로 변하는 경험을 하는 경우도 있다. 하지만 결코 성경은 고난이 좋은 것이라고 가르치지 않는다. 만약 고난이 좋은 것이라면 왜 가난한 자를 구제하고, 병든 자를 돌보라고 명령하셨는가? 그것은 그들에게서 좋은 것을 뺏는 행위일 텐데 말이다.

원래 하나님은 이 세상을 선하며 아름답고 완벽하게 지으셨다. 하지만 인간이 하나님의 말씀에 불순종함으로 죄와 악, 그리고 그 결과인 고통이 이 세상에 들어왔다. 비록 인간이 범한 죄와 악조차도 하나님이 선하게 바꾸시지만, 이 사실이 고통이 선하다고 말하는 것은 결코 아니다. 그뿐만 아니라 궁극적으로 하나님은 모든 죄와 악, 그리고 고통을 없애실 것이다. 왜 고통이 좋은 것이라면 선하신 하나님이 고통을 없애시겠는가.

예를 들어 금식과 굶주림을 생각해 보자. 금식은 한 사람의 영적 성장과 성숙을 위해, 때로는 육신의 건강을 위해서도 도움이 된다. 하지만 가난으로 인한 굶주림은 육신을 병들게 할 뿐만 아니라, 때로는 우리의 영혼까지도 상하게 만든다. 굶주림은 다른 사람의 것을 탐하게 만들 위험이 있기 때문이다. 고통은 결코 좋은 것일 수 없다. 이런 점에서 고통이 닥치면 받아들이고 순응하라는 가르침은 스토아학파나 불교의 주장에 가깝지, 기독교의 가르침과는 거리가 멀다. 따라서 우리는 고난을 피하고, 고난이 없어지게 해달라고 기도해야 한다. 그뿐만 아니라 다른 사람들의 아픔을 위해서도 기도할 수 있어야 한다.

물론 고난을 하나님이 허락하실 때도 있다. 예를 들어 치아를 뽑는 것을 좋아하거나 원하는 사람은 없지만, 만성 치통으로 인해 부득이하게 치아를 뽑아야 하는 경우가 있다. 마찬가지로 하나님은 우리가 아주 작은 고통이더라도 고통당하는 것을 원하지 않으시지만, 더 큰 고통을 없애기 위해 임시로 고통을 허락하시는 경우가 있다. 인간이 죄와 고통 가운데 영원히 거하지 않도록 아들이신 예수님을 십자가에 죽게 하신 것처럼 말이다. 예수님이 십자가에서 죽으셨다는 사실은 우리로 하여금 고통의 문제를 가지고 하나님 앞에 나가도록 격려한다. 왜냐하면 예수님은 실제로 경험하셨기에 우리가 당하는 고통이 얼마나 큰지 아실 뿐만 아니라, 기꺼이 함께 그리고 대신 담당하길 원하시기 때문이다.

THINK

하나님이 우리와 함께 고난을 당하시고, 대신 짐을 지길 원하신다는 사실에서 무엇을 느끼는가? 하나님 앞에 나아가 당신이 지금 겪고 있는 고난을 피하고 이기게 해달라고 기도하자.

4과

함께 일하시는 하나님

4과
함께 일하시는 하나님

주제 성구 전도서 4장 12절

"한 사람이면 패하겠거니와 두 사람이면 맞설 수 있나니 세 겹 줄은 쉽게 끊어지지 아니하느니라."

다루는 내용

- 영적 전투의 필연성과 유익에 대해 배운다(1-3번).
- 공동체의 소중함과 가치에 대해 이해한다(4-6번).
- 교회 공동체의 특징을 이해하고 승리에 대한 확신을 분명히 한다(7-8번).

이야기 넷, 모세

출애굽기 17장 8-16절

8 그 때에 아말렉이 와서 이스라엘과 르비딤에서 싸우니라
9 모세가 여호수아에게 이르되 우리를 위하여 사람들을 택하여 나가서 아말렉과 싸우라 내일 내가 하나님의 지팡이를 손에 잡고 산 꼭대기에 서리라
10 여호수아가 모세의 말대로 행하여 아말렉과 싸우고 모세와 아론과 훌은 산 꼭대기에 올라가서
11 모세가 손을 들면 이스라엘이 이기고 손을 내리면 아말렉이 이기더니
12 모세의 팔이 피곤하매 그들이 돌을 가져다가 모세의 아래에 놓아 그가 그 위에 앉게 하고 아론과 훌이 한 사람은 이쪽에서, 한 사람은 저쪽에서 모세의 손을 붙들어 올렸더니 그 손이 해가 지도록 내려오지 아니한지라
13 여호수아가 칼날로 아말렉과 그 백성을 쳐서 무찌르니라
14 여호와께서 모세에게 이르시되 이것을 책에 기록하여 기념하게 하고 여호수아의 귀에 외워 들리라 내가 아말렉을 없이하여 천하에서 기억도 못 하게 하리라
15 모세가 제단을 쌓고 그 이름을 여호와 닛시라 하고
16 이르되 여호와께서 맹세하시기를 여호와가 아말렉과 더불어 대대로 싸우리라 하셨다 하였더라

아이스브레이크 † 나에게 공동체란?

준비물: A5 용지, 필기구

"나에게 공동체란 _____이다"

각자 빈칸에 들어갈 말을 적게 한 후 함께 나누어보자. 이를 통해 평소 공동체에 대해 어떤 생각을 하고 있는지 나누게 될 것이다. 공동체를 통해 얻는 영적인 유익이나 은혜에 대해 서로의 생각을 나눔으로 공동체의 소중함에 대해 새롭게 느끼는 시간이 될 것이다. 동시에 공동체를 통해 유익을 얻는 것을 넘어 공동체를 섬기는 자리까지 나가고 있는지도 점검할 수 있을 것이다. 같은 공동체에 참여하고 있지만, 각기 다른 은혜를 누리는 것은 결국 공동체에 참여하는 자의 마음 자세에 따라 달라지기 때문이다.

마음의 문을 열며

애굽에서 노예 생활을 하던 이스라엘 백성은 하나님의 은혜로 출애굽하여 약속의 땅인 가나안으로 가게 됩니다. 그런데 가나안으로 가는 길이 순탄하지만은 않았습니다. 이스라엘 백성은 그 길에서 많은 고난과 역경을 경험하게 됩니다. 이들이 걸었던 여정은 예수님을 믿고 죄와 사망에서 구원받은 성도들이 가야 할 길을 보여주는 본보기입니다. 이 시간에는 가나안으로 가던 광야에서 일어난 한 사건에 대해 배우고자 합니다. 이를 통해 믿음이란 무엇인지, 특히 하나님이 믿는 자에게 선물로 주신 공동체의 소중함에 대해 함께 배워봅시다.

🔊 오늘은 무엇에 대해 배우게 되는가?

> 출애굽한 이스라엘 백성이 약속의 땅인 가나안으로 가던 중 겪게 된 사건에 대해 배우게 된다. 왜 이 사건에 대해 배워야 할까? 가나안 땅을 찾아 가는 여정은 우리가 예수님을 믿고 나서 걸어가야 할 길의 본보기이기 때문이다. 우리는 예수님을 믿고 죄와 사망에서 해방되었다. 하지만 여기서 끝이 아니다. 우리가 하나님이 약속하신 축복과 은혜를 맛보기 위해서는 이스라엘 백성이 그랬던 것처럼 믿음의 길을 걸어가야 한다. 따라서 우리는 이스라엘 백성이 걸었던 여정을 통해 어떻게 믿음의 길을 걸어갈 수 있을지에 대해 배울 수 있다. 특히 오늘은 이 땅에서 믿음을 가지고 살면서 겪게 되는 영적 전투와 하나님이 주신 선물인 공동체의 소중함에 대해 함께 다루도록 하자.

말씀의 씨를 뿌리며

영적 전투

1 애굽에서 노예 생활을 하던 이스라엘 백성은 출애굽 후 약속의 땅인 가나안으로 향하고 있었습니다. 그때 아말렉이 이스라엘 백성을 가로막았고, 전쟁이 시작됩니다. 그러자 모세는 이스라엘 백성에게 지시를 내립니다. 모세가 내린 지시의 내용은 무엇입니까? (8-9절)

> 8 그 때에 아말렉이 와서 이스라엘과 르비딤에서 싸우니라 9 모세가 여호수아에게 이르되 우리를 위하여 사람들을 택하여 나가서 아말렉과 싸우라 내일 내가 하나님의 지팡이를 손에 잡고 산 꼭대기에 서리라

🔊 8-9절에서 모세는 여호수아에게 무엇이라고 말하는가?

출애굽 후 가나안 땅으로 향하던 이스라엘 백성은 아말렉 족속과 맞닥뜨리게 된다. 아말렉 족속은 야곱의 형인 에서의 후손으로 주로 가나안의 남쪽에 살았다. 아말렉 족속은 이스라엘 백성을 자신들을 위협하는 적으로 간주하고 공격하게 된다. 그러자 모세는 여호수아에게 사람들을 택하여 나가서 싸우라고 명령한다. 그리고 모세 자신은 아말렉 족속과 싸울 때 지팡이를 손에 잡고 산꼭대기에 설 것이라고 말한다.

🔊 이스라엘 백성은 하나님의 명령에 순종하여 가나안 땅으로 가게 된다. 그런데 그 여정에서 많은 어려움을 겪게 된다. 우리도 마찬가지다. 신앙생활을 하다 보면 여러 어려움을 만나는 경우가 있다. 그렇다면 왜 이런 현상이 일어날까? 2번 문제를 보라.

2 신앙생활을 하다 보면 어려움을 만날 때가 있습니다. 이런 어려움을 만나게 되는 이유는 무엇인지 요한복음 15장 18절 말씀을 가지고 찾아보십시오. (요한복음 15:18)

> **요한복음 15:18** 세상이 너희를 미워하면 너희보다 먼저 나를 미워한 줄을 알라

🔊 요한복음 15장 18절에서는 무엇이라고 말하는가?

우선 "세상이 너희를 미워하면"이라고 말씀한다. 예수님은 자신을 믿으면 좋은 일만 있을 것이라고 말씀하시지 않는다. 때로는 미움도 당하고 어려움도 경험하게 될 것이라고 말한다. 왜인가? 그 이유는 세상이 예수님을 미워하고 싫어하기 때문이다. 다르게 말하면 소속의 문제 때문이다. 당신이 어느 축구팀을 응원한다고 가정해 보라. 그 팀과 싸우는 상대 팀을 자연스럽게 싫어하게 된다. 그뿐만 아니라 상대 팀을 응원하는 사람과도 거리를 두게 된다. 마찬가지다. 세상은 예수님을 싫어한다. 따라서 예수님께 속해 있는 우리를 싫어하는 것이다. 내가 예수님을 믿고 나서도 세상이 나를 싫어하거나 미워하지 않는다면, 어쩌면 내 소속에 문제가 있을지도 모른다.

🔊 그렇다면 신앙생활을 하면서 만나게 되는 여러 가지 어려움을 어떻게 이겨낼 수 있을지 계속해서 살펴보자. 3번 문제를 보라.

3 아말렉은 신앙의 길을 걷다가 만나게 되는 어려움의 대표적인 예라고 할 수 있습니다. 이런 어려움을 만났을 때 하나님은 직접 개입하셔서 문제를 해결하십니다(참고 출애굽기 14:30). 하지만 때로는 우리에게 함께 일하자고 요청하기도 하십니다. 하나님이 우리와 함께 일하려 하시는 이유는 무엇일까요? (로마서 8:17-18, 참고 히브리서 12:10)

> 참고 **출애굽기 14:30** 그 날에 여호와께서 이같이 이스라엘을 애굽 사람의 손에서 구원하시매 이스라엘이 바닷가에서 애굽 사람들이 죽어 있는 것을 보았더라

🔊 출애굽기 14장 30절에서는 무엇이라고 말하는가?

그날에 여호와가 이스라엘 사람을 애굽 사람의 손에서 구원하셨다고 말한다. 이 사건은 홍해 사건을 의미한다. 애굽 군대는 출애굽을 한 이스라엘 백성을 뒤쫓아 왔다. 이스라엘 사람들은 앞은 홍해로 가로막히고, 뒤는 애굽 군대가 쫓아오는 위기 상황에 부닥쳤다. 이때 하나님은 홍해를 가르셔서 이스라엘 백성을 구원하시게 된다. 이렇게 하나님은 직접적으로 문제를 해결해 주기도 하신다. 그런데 오늘 아말렉 족속과의 전투에서는 이스라엘 백성이 직접 싸우길 원하셨다. 마찬가지로 하나님은 이 땅을 살면서 우리가 만나게 되는 여러 문제를 직접적으로 해결하기도 하시지만, 우리와 함께 일하며 해결하길 원하기도 하신다. 그렇다면 왜 함께 일하기를 원하실까? 로마서 8장 17-18절 말씀을 보라.

> **로마서 8:17-18** 17 자녀이면 또한 상속자 곧 하나님의 상속자요 그리스도와 함께 한 상속자니 우리가 그와 함께 영광을 받기 위하여 고난도 함께 받아야 할 것이니라 18 생각하건대 현재의 고난은 장차 우리에게 나타날 영광과 비교할 수 없도다

🔊 로마서 8장 17-18절에서는 무엇이라고 말하는가?

하나님의 자녀로서 예수님과 함께 영광을 받기 위하여 함께 고난도 받아야 할 것이라고 말한다. 자녀가 어렸을 때 부모는 자식의 먹는 일, 입는 일 등의 모든 생활을 돕는다. 그러나 자녀가 자람에 따라 점점 스스로 자신의 일을 하도록 가르친다. 왜일까? 더 큰 즐거움을 주기 위함이다. 예를 들어 어렸을 때는 아버지가 자전거 뒤에 아이를 태워준다. 하지만 자라면서 아이 스스로 자전거를 타도록 돕는다. 자전거를 타기 위해서는 넘어지는 위험도 감수해야 하고, 실제로 넘어지는 아픔을 경험하기도 한다. 그럼에도 이런 위험을 무릅쓰며 자전거를 타게 하는 이유는 자녀를 사랑하지 않기 때문이 아니라 사랑하기 때문이다.

> 참고 **히브리서 12:10** 그들은 잠시 자기의 뜻대로 우리를 징계하였거니와 오직 하나님은 우리의 유익을 위하여 그의 거룩하심에 참여하게 하시느니라

🔊 히브리서 12장 10절에서는 무엇이라고 말하는가?

하나님은 우리의 유익과 그의 거룩하심에 참여하게 하시려고 잠시 징계를 허락하신다고 말한다. 우리가 예수님의 거룩하심에 참여하도록, 다르게 말하면 그리스도를 닮아가게 하시려고 때로는 우리에게 역경도 허락하시는 것이다. 사랑하면 닮는다는 말이 있다. 누군가를 존경하거나 좋아해 보라. 그 사람의 일거수일투족을 닮고 싶은 것이 정상이다. 마찬가지

다. 우리가 예수님을 사랑한다면 우리에게는 그분을 닮고자 하는 열망이 생겨나야 한다.

하나님이 함께 일하자고 하시는 이유는 무엇인가? 그것은 그만큼 우리를 사랑하고 존중하기 때문이다. 만약 당신이 다니는 직장의 대표가 당신에게 회사의 사활이 걸린 업무를 맡기거나 이를 위한 조언을 구한다면 어떻겠는가? 불편하고 귀찮다는 생각이 들겠는가? 오히려 반대일 것이다. 하늘에 계신 하나님이 우리와 함께 일하자고 하시는 것이 얼마나 놀라운 은혜이고 특권인지 알아야 한다. 연약하고 보잘것없는 인간을 통해 일하시는 하나님의 마음을 이해할 수 있어야 한다.

🔊 아말렉과의 전쟁에서 배울 수 있는 중요한 교훈이 있다. 4번 문제를 보라.

공동체

4 여호수아는 모세의 지시를 따라 아말렉과 나가 싸우게 됩니다. 이때 모세는 산 위에 올라가 기도하게 됩니다. 산 위에서 기도할 때 어떤 일이 일어났습니까? (10-12절)

> 10 여호수아가 모세의 말대로 행하여 아말렉과 싸우고 모세와 아론과 훌은 산 꼭대기에 올라가서 11 모세가 손을 들면 이스라엘이 이기고 손을 내리면 아말렉이 이기더니 12 모세의 팔이 피곤하매 그들이 돌을 가져다가 모세의 아래에 놓아 그가 그 위에 앉게 하고 아론과 훌이 한 사람은 이쪽에서, 한 사람은 저쪽에서 모세의 손을 붙들어 올렸더니 그 손이 해가 지도록 내려오지 아니한지라

🔊 10-12절에서는 무엇이라고 말하는가?

우선 여호수아는 모세의 명령에 따라 나가서 아멜렉과 싸우게 된다. 이때 모세가 산 위에 올라 손을 들면 이스라엘이 이기고, 손을 내리면 아멜렉이 이기게 된다. 왜 이런 현상이 일어날까? 이는 결국 아말렉 족속과의 전쟁의 승패는 하나님께 달려 있음을 보여준다. 세상에서 우리는 영적인 전투를 경험하게 된다. 그런데 이 영적 전투의 승패는 우리의 힘과 능력으로 정해지는 것이 아니다. 우리가 얼마나 하나님을 의지하는지, 또 하나님으로부터 오는 능력을 힘입어 싸우느냐에 달려 있다. 다르게 말하면, 하나님과의 관계에 문제가 생긴다면 우리는 전쟁에서 패배할 수밖에 없다. 우리는 우리가 기도나 말씀, 예배 생활을 게을리한다 해서 당장 생활이 크게 변화하지 않는다고 느낄 수 있다. 그렇지만 점점 시간이 흐르고 나면 우리의 삶이 무너져버린 것을 발견하게 된다. 오늘의 말씀에서 모세의 팔이 피곤하여 내려올 때 아론과 훌이 모세의 손을 붙잡고 내려오지 못하게 도왔다고 말한다. 오늘 본문은 아름다운 동역의 모습을 보여준다. 모세나 여호수아, 아론과 훌, 그리고 이스라엘 백성이 각자의 자리에서 최선을 다함으로 아말렉 족속과의 싸움에서 승리하는 것을 보게 된다.

🔊 하나님은 당시 이스라엘 백성처럼 믿는 성도들이 함께 세상과 싸워 나가길 바라신다. 5번 문제를 통해 이 사실을 더욱 자세히 확인해 보자.

---

5 아말렉과의 전투에서 모세와 여호수아를 비롯한 많은 사람은 한마음으로 각자 자신의 자리에서 동역하는 모습을 보여줍니다. 하나님이 우리에게 주신 선물 중 하나는 공동체입니다. 공동체가 우리에게 주는 유익은 무엇이라고 생각하십니까? (고린도후서 1:4, 전도서 4:12, 골로새서 3:16)

> **고린도후서 1:4** 우리의 모든 환난 중에서 우리를 위로하사 우리로 하여금 하나님께 받는 위로로써 모든 환난 중에 있는 자들을 능히 위로하게 하시는 이시로다

🔊 고린도후서 1장 4절에서는 무엇이라고 말하는가?

하나님이 우리가 당하는 모든 환난 중에서 우리를 위로하신다고 말한다. 하나님이 위로하지 못하실 환난은 없다. 하나님이 우리를 위로하시는 이유 가운데 하나는 우리가 받은 위로로 다른 사람을 위로하게 하기 위함이다. 하나님은 우리가 서로를 위로하며 하나님의 위로를 서로에게 전하게 하길 원하신다. 병원에 입원한 환자를 생각해 보라. 분명 환자에게는 병의 차도를 전하는 의사가 가장 큰 위로가 되고 힘이 될 것이다. 하지만 같은 병실에서 같은 병과 싸우고 있는 사람들을 보며 힘과 위로를 얻는 경우들도 많다. 같은 약을 처방해도, 유난히 병을 잘 이겨내는 사람이 있다. 그들의 공통적인 특징이 있다면 곁에 좋은 사람들이 있다는 것이다. 주변에 좋은 사람들이 있는 경우 훨씬 병을 잘 이겨낼 수 있다고 한다. 하나님은 고통 가운데 서로를 위로할 수 있도록 공동체를 선물로 주셨다. 다르게 말하면 서로를 통해 위로하길 원하시는 것이다.

> **전도서 4:12** 한 사람이면 패하겠거니와 두 사람이면 맞설 수 있나니 세 겹 줄은 쉽게 끊어지지 아니하느니라

🔊 **전도서 4장 12절에서는 무엇이라고 말하는가?**

한 사람은 패하지만 두 사람이면 맞설 수 있고, 세 겹줄은 쉽게 끊어지지 않는다고 말한다. 종이 한 장을 찢기는 쉽다. 하지만 약한 종이라도 여러 겹으로 뭉쳐져 있으면 찢기가 어렵다. 마찬가지로 아무리 능력이 뛰어난 사람이라도, 합쳐진 여러 사람을 이기기 힘들다. 이 땅에 살면서 우리가 넘어지고, 쓰러지는 이유는 무엇인가? 함께할 사람이 없기 때문이다. 어느 집사님이 아이를 업고 밤길을 가게 되었다. 그날따라 가로등이 꺼져 어둡고 무서웠다고 한다. 그런데 등에 업고 있는 아이가 집사님에게 큰 힘이 되었다고 한다. 아무런 도움이 되지 못할 것 같았던 아이가 내 옆에 있다는 사실만으로 두려움이 없어진 것이다. 세상은 우리가 실패했을 때 능력을 키우라고 말한다. 하지만 하나님은 우리의 실패에 대처할 방안으로 공동체를 주셨다. 공동체를 통해 서로를 도우며 함께 세워가길 원하신다. 오늘날은 리더십이 강조되고 있다. 왜 리더십을 강조하는 것일까? 아무리 뛰어난 개인도 공동체를 이길 수 없기 때문이다. 그래서 함께 일하며 사람을 이끌 수 있는 리더십이 강조되는 것이다.

> **골로새서 3:16** 그리스도의 말씀이 너희 속에 풍성히 거하여 모든 지혜로 피차 가르치며 권면하고 시와 찬송과 신령한 노래를 부르며 감사하는 마음으로 하나님을 찬양하고

🔊 골로새서 3장 16절에서는 무엇이라고 말하는가?

모든 지혜로 피차 가르치며 권면하라고 말한다. 특히 피차 가르치라고 말한다. 선생들만 학생을 가르치는 것이 아니라, 모든 사람이 서로에게서 배울 수 있어야 한다. 흔히 성경에 대해 많이 알거나, 신앙이 좋은 사람이 그렇지 않은 사람을 가르친다고 생각하기 쉽다. 하지만 그렇지 않다. 우리는 서로를 통해 배울 수 있어야 한다. '세상에서 제일 무서운 사람은 책 한 권 읽은 사람이다'라는 말이 있다. 자신이 읽은 책 한 권이 전부인 것처럼 생각하고 주장하는 것만큼 어리석은 일이 없다. 나라는 존재의 시각과 지혜는 한계가 있을 수밖에 없다. 서로에게 인생을 바라보는 시각과 관점, 지혜를 나눌 필요가 있다.

🔊 당신은 어떤가? 하나님이 주신 공동체의 소중함에 대해 느낀 적이 있는가? 6번 문제를 나누어보라.

---

6 당신은 공동체의 소중함에 대해 느끼신 적이 있습니까? 공동체를 통해 얻은 유익이 있다면 나누어보십시오.

🔊 각자 이야기를 나누어보라.

차가운 얼음물에 발을 담그고 얼마나 오래 버티는지를 실험하며 고난과 공동체의 관계에 대해 연구를 했다. 성별, 나이, 육체적 상태에 따라 결과의 크고 작은 차이를 발견했는데 가장 큰 차이를 드러낸 요소가 있었다. 바로 공동체였다. 혼자 얼음물에 발을 담그고 있을 때보다 두 명이 함께 얼음물에 담그고 있을 때 두 배 가까이 오래 버틴 것이다. 마찬가지로 우리도 이 땅을 살면서 이런 공동체의 소중함에 대해 자주 경험하게 된다.

힘들 때 찾아온 친구로 인해 힘을 얻은 경우가 있었을 것이다. 또 다른 사람의 경험을 통해 자신이 깨닫지 못했던 새로운 진리와 지혜를 얻거나, 함께 기뻐하고 즐거워하는 지인들로 기쁨이 더욱 커지는 것을 경험해 보았을 것이다.

어느 주일 아침에 한 성도가 차를 끌고 교회에 가 예배를 드렸다. 그런데 예배가 끝난 후 차를 끌고 간 것을 잊고, 대중교통을 타고 집으로 돌아왔다. 그리고 저녁 늦게야 차를 교회에 두고 온 것을 깨달았다. 교회로 향하면서 그는 어떻게 차를 두고 올 수 있는지 자신에 대한 회의가 들었다고 한다. 그런데 막상 교회에 도착했더니 자기 차 옆에 다른 차가 서 있는데, 그 차 주인도 자신과 같은 상황이었다고 한다. 그리고 이 사실이 사신에게 큰 위로가 되었다고 한다. 나만의 문제가 아니구나. 나와 같은 문제를 가진 사람이 존재한다는 사실만으로 위로가 된 것이다.

🔊 공동체는 하나님이 우리에게 주신 선물이다. 동시에 공동체는 하나님이 우리에게 주신 사명이기도 하다. 7번 문제를 보라.

교회의 특징

7 예수님을 믿는 순간 우리는 교회의 일원이 됩니다. 따라서 우리가 속한 교회가 어떤 곳인지를 아는 것은 신앙의 성장에 있어서 매우 중요합니다. 그렇다면 교회 공동체의 특징은 어떤 것이 있을까요? (에베소서 2:19, 고린도전서 12:13, 고린도전서 12:27)

> **에베소서 2:19** 그러므로 이제부터 너희는 외인도 아니요 나그네도 아니요 오직 성도들과 동일한 시민이요 하나님의 권속이라

🔊 에베소서 2장 19절에서는 무엇이라고 말하는가?

우리가 하나님의 권속이라고 말한다. 여기서 권속이란 가족이라는 의미다. 예수님을 믿는 순간 우리는 하나님의 자녀가 된다. 동시에 하나님은 각 개인을 홀로 부르지 않으시고, 가족 공동체로 함께 부르셨다. 믿음 안에서 우리는 형제자매인 것이다. 폴 트루니에는 이렇게 말한다. "우리가 혼자 할 수 없는 것이 두 가지가 있다. 그중 하나는 결혼이고 다른 하나는 그리스도인이 되는 것이다." 그만큼 신앙이 공동체적임을 강조한 것이다. 물론 신앙은 개인적인 고백이고 결단이다. 하지만 공동체에 기반을 두지 않은 신앙은 있을 수 없다.

> **고린도전서 12:13** 우리가 유대인이나 헬라인이나 종이나 자유인이나 다 한 성령으로 세례를 받아 한 몸이 되었고 또 다 한 성령을 마시게 하셨느니라

🔊 고린도전서 12장 13절에서는 무엇이라고 말하는가?

유대인이나 헬라인이나 종이나 자유인이나 하나가 되었다고 말한다. 왜인가? 하나님이 차별 없이 모든 사람에게 성령을 주셨기 때문이다. 당시 유대인은 이방인을 짐승처럼 대했고, 주인은 종을 말하는 가축 정도로 여겼다. 극심한 차별로 인해 두 무리 간의 적대감이 매우 심했다. 그럼에도 이 모든 차별을 극복하고 그리스도 안에서 하나가 된 것이다.

> **고린도전서 12:27** 너희는 그리스도의 몸이요 지체의 각 부분이라

🔊 고린도전서 12장 27절에서는 무엇이라고 말하는가?

성경에 자주 등장하는 교회에 대한 비유 중 하나는 몸에 대한 비유이다. 그렇다면 교회를 왜 몸에 비유했을까? 이는 교회의 통일성과 다양성을 보여주는 표현이다. 우리는 한 몸이다. 따라서 함께 웃고 울며, 성장해야 한다. 한 몸이라는 사실을 분명히 인식할 때 우리는 서로의 아픔을 나의 아픔으로 받아들일 수 있고, 서로의 기쁨을 나의 즐거움으로 받아들일 수 있다. 그뿐만 아니라 지체 중 하나가 아프면 다른 지체들이 그 짐을 대신 지듯이, 우리는 서로의 짐을 나누어 질 수 있어야 한다. 그런데 우리는 어떤가? 우리가 한 몸이라는 인식을 두고 서로를 바라보고 있는가? 교회 내에서 발생하는 많은 갈등과 아픔이 한 몸이라는 인식을 잊어버렸기 때문은 아닐까?

또한 우리는 지체의 각 부분이다. 이는 다양성을 나타내는 말로, 성도 개개인은 각자의 은사와 역할이 다르며 서로의 도움을 통해 온전해질 수 있다. 이 사실을 분명히 인식할 때 우리는 다름이 주는 유익을 누릴 수 있다. 세상처럼 교회 안에서도 경쟁과 우열로 인해 서로에게 상처를 주는 일들이 있어서는 안 된다. 나와 다른 사람을 만나도, 혹 그 사람의 모습이 이해되지 않더라도 나를 위해 그 지체를 주셨음을 인식해야 한다. 모두가 같은 지체라면 몸을 이룰 수도 없고 건강한 몸과 지체가 될 수도 없다.

제시 잭슨은 이렇게 말한다. "나의 선조는 노예선을 타고 이 땅에 왔습니다. 나의 부모님은 하인이었고 미용사였으며 경비원이었습니다. 하지만 사우스캐롤라이나에서 보냈던 나의 유년 시절, 나의 어머니는 슬퍼하지 않으셨고 우리는 춥지 않았습니다. 대신 어머니께선 털 헝겊, 실크, 방수천, 포대 자루 등 구두나 간신히 닦아낼 수 있는 조각 천을 모으셨습니다. 그리고 기운찬 손놀림과 튼튼한 끈으로 조각 천을 꿰매어 훌륭한 누비이불을 만드셨습니다. 그것은 힘과 아름다움과 교양을 상징했습니다. 우리가 만들어갈 나라는 한 가지 실, 한 가지 색깔, 한 가지 천으로 짜인 담요가 아닙니다." 하나님은 마치 모자이크처럼 다양한 사람이 모여 공동체를 함께 이루어가도록 만드셨으며, 이것이 하나님 공동체가 갖는 힘과 아름다움인 것이다.

🔊 당신은 어떤가? 우리가 가족이고, 성령 안에서 하나이며 그리스도의 몸의 지체라는 사실에서 무엇을 느끼는가? 각자 이야기를 나누어보라.

🔊 교회는 세상의 공동체와는 다른 특징이 있다. 그뿐만 아니라 교회는 감당해야 할 일들이 있다. 8번 문제를 보라.

8 초대 교회는 교회 공동체가 어떤 곳인지를 잘 보여주는 본보기라고 할 수 있습니다. 초대 교회의 모습을 중심으로 교회가 해야 할 일은 무엇인지 찾아보십시오. (사도행전 2:46-47)

> **사도행전 2:46-47** ⁴⁶ 날마다 마음을 같이하여 성전에 모이기를 힘쓰고 집에서 떡을 떼며 기쁨과 순전한 마음으로 음식을 먹고 ⁴⁷ 하나님을 찬미하며 또 온 백성에게 칭송을 받으니 주께서 구원 받는 사람을 날마다 더하게 하시니라

🔊 사도행전 2장 46-47절에서는 무엇이라고 말하는가?

첫째로 성전에 모여 예배하고, 둘째로 집에서 떡을 떼며 함께 교제하고, 셋째로 그들의 모습을 보고 사람들이 예수님을 믿게 되었다고 말한다. 교회가 해야 할 중요한 사명은 하나님께 예배하고, 성도 간의 교제를 통해

성장하고, 복음을 세상에 증거하는 것이다. 예배와 교제, 증거는 교회의 가장 중요한 사명이다. 사람들이 교회에 나오는 이유는 다양할 것이다. 다른 사람과의 관계 때문에 나올 수도 있고, 인생의 심각한 문제를 만나 도움과 위로를 얻고자 나올 수도 있다. 하지만 교회가 해야 할, 다르게 말하여 교회의 구성원으로 우리가 해야 할 가장 중요한 일은 예배와 교제와 증거다. 이것을 위해 교회는 존재하는 것이며, 이외의 것들은 부수적인 것들로 본질적인 것은 아니다. 안타까운 점은 많은 교회와 성도가 본질에 집중하지 못하고 부수적인 것들에만 치중한다는 점이다. 당신은 어떤가? 당신은 교회의 본질에 집중하고 있는가? 예배와 교제, 증거가 당신의 신앙생활에서 어느 정도의 비중을 차지하고 있는지 각자 점검해 보라.

또한 여기서 주목해야 할 표현이 있다. 그것은 성전과 집이다. 초대 교회는 성전에서 대그룹으로 모여 예배하고, 동시에 집에서 소그룹으로 모여서 교제를 나누는 모습을 보게 된다. 소그룹은 교회 생활의 필수라고 할 수 있다. 대그룹으로 모여서는 참된 교제를 나누기 힘들다. 마음의 문을 열고 서로의 삶을 나누고 기도할 수 있는 소그룹이 필요한 것이다. 당신은 어떤가? 성전과 집, 두 가지 요소가 균형 잡혀 있는가? 만약 균형 잡혀 있지 않다면 그 이유는 무엇이며, 어떤 노력이 필요하다고 생각하는가?

🔊 '삶의 열매를 거두며'를 보라.

삶의 열매를 거두며

이 땅을 살면서 우리는 크고 작은 시련과 역경을 만나게 됩니다. 하지만 우리는 두려워할 이유가 없습니다. 왜냐하면 하나님이 우리와 함께하시고, 우리를 도우시며 승리하게 하실 것이기 때문입니다(참고 요한복음 16:33). 당신은 승리에 대한 확신과 소망이 있습니까?

> 참고 **요한복음 16:33** 이것을 너희에게 이르는 것은 너희로 내 안에서 평안을 누리게 하려 함이라 세상에서는 너희가 환난을 당하나 담대하라 내가 세상을 이기었노라

🔊 요한복음 16장 33절에서는 무엇이라고 말하는가?

예수님이 환난을 당할 때 담대하라고 말씀하신다. 이유는 무엇인가? 예수님이 이기셨기 때문이다. 영적 전쟁의 원인은 소속의 문제이다. 우리가 예수님을 믿고 예수님의 소속이 되었기 때문에 세상은 우리를 미워한다. 세상이 예수님을 미워하기 때문에 우리를 미워하는 것이다. 마찬가지로 영적 전쟁의 승패 역시 소속의 문제로 결정지어진다. 종이 한 장은 쉽게 찢어진다. 하지만 종이를 벽에 붙이면 어떻게 되는가? 잘 찢어지지 않는다. 마찬가지로 우리도 얼마나 그리스도께 가까이 붙어 있느냐에 따라 성패가 좌우된다. 우리가 아무리 연약하고 부족해도 반석이 되신 예수님께 붙어 있기만 한다면 우리는 승리할 수밖에 없다. 왜냐하면 반석이 되신 예수님이 승리하셨기 때문이다.

이 땅을 살아갈 때 우리에게 가장 필요한 것은 확신이다. 반드시 승리할 것이라는 확신은 우리에게 소망을 줄 뿐만 아니라 능력이 된다. 각자 이러한 확신이 있는지 점검하고, 함께 확신을 두고 살아가게 해달라고 기도함으로 마무리하자.

4과 영적 성장 PLUS⁺
첫째 날

아들아, 삶은 좌절을 준단다

어느 한 여배우가 있었다. 원래 그녀는 귀족 집안의 딸이었다. 유복한 가정에서 태어나 발레리나가 꿈이었던 그녀는 2차 세계대전이 일어난 후 나치 치하에서 온갖 고생을 다 하게 된다. 그때의 아픔과 상처가 얼마나 컸는지, 나중에 2차 세계대전을 배경으로 한 <안네의 일기>라는 영화의 캐스팅도 거절할 정도였다. 배가 고파서 튤립의 뿌리를 먹을 정도로 가난하고 고통스러운 시절을 보냈고, 전후에는 전쟁이 남긴 육체·정신적 상처로 심각한 고통에 시달렸다. 결국 그녀는 이런 과정에서 발레리나가 되겠다는 꿈을 포기해야 했을 뿐만 아니라 먹고 살기 위해 안 해본 일이 없었다.

그러다가 우연히 영화 단역 일을 하게 됐고, 이 일을 계기로 배우라는 또 다른 꿈을 가지게 되었다. 연기하는 순간만큼은 어렸을 때 꿈인 발레리나가 된 것처럼 자유로운 기분이 들었기 때문이었다. 물론 배우의 꿈은 꾸었지만, 그녀는 오랫동안 단역만을 맡게 된다. 외모가 이국적이고, 키가 크다는 이유로 맡을 수 있는 역할이 적었기 때문이다. 그러다가 기회가 찾아왔다. 차기작을 준비 중이던 어느 감독이 제작비가 부족하여 신인인 그녀를 캐스팅한 것이다. 그리고 전혀 예상하

영적 성장의 첫걸음 · 인도자용

126

지 못한 일이 일어났다. 영화가 개봉된 다음 날, 그녀가 집을 나서자 사람들이 이렇게 소리쳤다. "오드리 헵번이다. <로마의 휴일>의 오드리 헵번이다!"

사실 오드리 헵번의 영화배우로서의 경력은 그리 길지 않다. 그녀는 유니세프와 함께 아이들을 돕는데 많은 시간을 투자했다. 왜냐하면 그가 어렸을 때 구호 기금의 도움을 받았기 때문이었다. 인류애와 세계 평화에 기여한 오드리 헵번을 기리기 위해 '오드리 헵번 평화상'이 생길 정도였다. 어쩌면 그녀가 이런 남다른 삶을 살 수 있었던 이유는 바로 전쟁이라는 고통을 겪었기 때문일지 모른다. 어린 시절의 굶주림을 잊지 않고, 봉사와 헌신을 삶을 살았던 것이다.

오드리 헵번은 아들에게 이런 글을 남긴다. "아들아, 삶은 항상 좌절을 준단다. 때론 네 꿈을 포기해야 할 상황이 올지도 모른단다. 하지만 그때마다 기억해 두어라. 세상은 꿈을 좌절시킬 만한 힘을 가지고 있지만, 거기까지일 뿐이야. 그러니 좌절할지라도 계속 꿈을 꾸어라. 인생은 변덕이 심해서 이유 없이 모든 것을 빼앗아 가기도 하지만, 포기하지 않는 자에게 반드시 한 번의 기회를 주니까." 전쟁이라는 고통이 그녀에게서 발레리나라는 꿈을 빼앗아 갔지만, 또 다른 삶이 예비되어 그녀를 기다리고 있었던 것이다.

때로는 하나님이 우리를 예상하거나 기대하지 않았던 길로 인도하실 때가 있다. 이 순간 우리는 하나님의 주권과 섭리를 기억해야 한다.

당장은 다 이해할 수 없고 받아들이기 힘들지만, 하나님이 선하신 계획을 가지고 성도의 삶을 인도하고 계심을 확신해야 한다.

인생의 고난과 역경을 통해 경험한 유익이 있다면 무엇인지 생각해 보라. 그리고 고난과 역경의 날에 하나님의 주권과 섭리를 기억하는 것이 왜 중요한지 정리해 보라.

4과 영적 성장 PLUS⁺
둘째 날

곡 하나 써주시지요

게오르크 프리드리히 헨델은 불세출의 음악가였다. 헨델의 아버지는 헨델이 법학을 공부하기 원했지만, 그는 일찍이 음악에 끌렸다. 헨델은 열일곱 살이 되었을 때 고향에 있는 대성당의 오르간 연주자가 되었다. 1년 후에는 함부르크에 있는 카이젤 오페라 하우스에서 바이올린과 하프를 연주하는 사람이 되었으며, 스물한 살에는 타악기의 대가가 되었다. 그는 작곡으로 돌아섰을 때도 즉시 명성을 얻었고, 후에 영국의 왕인 조지 1세를 배출한 하노버 가문의 악장으로 지명되었다. 헨델이 영국에 갔을 때 그의 명성은 날이 갈수록 높아졌고, 마흔 살이 되었을 때 그는 세계적으로 유명해졌다.

그러나 그의 명성과 재능에도, 그는 심각한 어려움을 만나게 되었다. 라이벌인 영국 작곡가들과의 경쟁은 치열했고, 변덕스러운 청중들은 때때로 그의 연주회에 나오지 않았다. 정치적 변화에 따라 빈번하게 희생자가 되기도 했다. 여러 번 돈 한 푼 없이 지냈고, 파산 직전에 몰리기도 했다. 성공 후 찾아온 거절과 실패의 고통은 견디기 힘들었다. 헨델의 건강이 악화되면서 문제는 더욱 심각해졌다. 그는 발작 증세 때문에 오른팔과 네 손가락을 제대로 쓸 수 없게 되었다. 얼마 후 회복되었지만, 그에게 더는 희망이 없었다. 1741년, 마침내 헨델은 쉰여

섯 살의 나이로 은퇴를 결심했다. 그는 비참함과 좌절에 빠졌다. 빚더미로 인해 제정신이 아니었다. 자기 연민과 실망감으로 고별 연주회마저도 포기했다.

그런데 그해 8월 찰스 제닝스라는 친구가 찾아왔다. 그는 지쳐 있는 헨델을 격려하며, 그리스도의 생애를 그린 대본을 주며 작곡을 부탁했다. 그 일은 헨델의 마음을 움직이기에 충분했다. 영감을 얻은 헨델은 작곡을 시작했고, 멈추지 않고 곡을 써 내려갔다. 24일 동안 260페이지에 달하는 곡을 작곡했고, 그렇게 탄생한 곡이 우리가 잘 알고 있는 <메시아>다.

인생을 살다 보면 헨델과 같은 천재적인 재능을 지닌 사람도 실패하고 넘어질 때가 있다. 어쩌면 우리에게 정말 중요한 것은 '얼마나 뛰어난 재능을 가졌는가?'가 아니라 '자신을 진심으로 격려하고 응원하는 한 사람이 있는가?'일 것이다. 안타깝게도 성공의 자리에서 사람의 소중함을 깨닫는 사람이 흔하지 않고, 실패의 자리에서 함께할 사람을 소유한 사람이 많지 않다.

실패에 대한 대안으로 하나님이 주신 것은 공동체, 즉 나와 함께하는 사람이다. 사람을 소중히 여기고 서로를 진심으로 격려하며 세워갈 줄 아는 모든 우리가 되길 소망해 본다.

당신은 공동체의 소중함에 대해 느끼고 있는가? 하나님이 주신 선물인 공동체를 아름답게 가꾸기 위해 당신에게 요구되는 것은 무엇이라고 생각하는가?

4과 영적 성장 PLUS⁺
셋째 날

공사 중입니다

미국 노스캐롤라이나주 샬럿에 있는 빌리 그레이엄 기념 도서관 입구에는 20세기 복음 전도자 빌리 그레이엄의 아내 루스 그레이엄의 소박한 무덤이 있다. 그녀의 묘비에는 이렇게 적혀 있다. "The End of Construction. Thank you for your patience."(공사 끝. 그동안의 인내에 감사를 드립니다.)

묘비명의 유래는 이렇다. 루스 그레이엄이 세상을 떠나기 전 남편과 차를 타고 가는데 동네에 공사 중인 구간이 있었다. 그런데 공사 현장에 서 있는 표지판에는 이렇게 쓰여 있었다. "공사 중입니다. 불편을 드려 죄송합니다." 그러던 어느 날 길이 말끔해졌고 표지판 문구가 이렇게 바뀌어 있었다. "공사 끝, 그동안의 인내에 감사를 드립니다." 이 문구에 감동을 받은 루스 그레이엄은 남편에게 자기 묘비에 이 문구를 적어달라고 부탁했다고 한다.

솔직하게 우리의 삶은 늘 공사 중이라고 할 수 있다. 큰 공사를 하는 시기도 있고, 작은 공사를 하는 시기도 있다. 정도의 차이만 있을 뿐, 모든 우리는 항상 공사 중이다. 왜냐하면 하나님이 우리를 있는 모습

그대로 사랑하시지만, 동시에 사랑하기에 우리를 아름다운 작품으로 다듬길 원하시기 때문이다. 그래서 오늘도 우리에게 사랑하는 법, 헌신하는 법, 인내하는 법, 나누는 법, 서로를 세워가는 법을 배우게 하신다.

그런데 공사 중이란 사실만큼 우리에게 소망을 주는 말도 없다. 인생을 망치는 가장 큰 걸림돌은 교만이다. 자신은 완성되었다고, 부족함이 없다고, 이미 이루었다고, 옳다고 생각하는 순간 우리는 실수하고 넘어지게 되기 때문이다. 하지만 자신이 공사 중임을 인식할 때 겸손할 수 있다. 오히려 자신이 부족한 사람임을 인정하고 고치려 노력할 때, 우리는 덜 실수하고, 덜 넘어지게 되는 것이다.

물론 공사 중이기 때문에 우리는 온전하지 못하고, 이로 인해 자신과 이웃에게 실망과 상처를 주는 때도 있다. 때로는 공사 규모가 너무 커서, 주변 사람들이 돌아가야만 하는 불편을 끼칠 수도 있다. 그럼에도 공사가 끝나면, 우리는 아름답게 변화될 것이다. 왜냐하면 우리 인생을 집필하는 작가는 최고의 작가이신 하나님이시기 때문이다. 이런 기대가 있기에 우리는 자신을, 그리고 서로를 기다려줄 수 있는 것이다.

당신은 우리가 모두 '공사 중'인 존재임을 믿는가? 이러한 믿음이 당신과 다른 사람을 향한 관점과 태도에 어떤 변화를 가져오고 있는가?

4과 영적 성장 PLUS⁺
넷째 날

차를 수리하지 않는 이유

어느 날 한 남자가 새로 산 차를 몰며 좁은 주택가 골목을 지나고 있었다. 그때 골목에서 한 소년이 불쑥 튀어나왔다. 깜짝 놀란 남자가 급히 브레이크를 밟았다. 그런데 이 소년은 느닷없이 돌을 던졌다. 화가 난 남자가 차에서 내려 소리쳤다. "무슨 짓이야? 정말 못된 아이구나! 차 수리비가 얼마나 드는지 알아?"

그러자 소년이 간절한 눈빛으로 말했다. "선생님, 정말 죄송합니다. 사실 어떻게 해야 할지 몰라서 그랬어요. 제가 돌을 던진 것은 아무도 차를 세워주지 않았기 때문이에요. 아까 형이 휠체어에서 떨어졌는데 부축할 힘이 없어요. 제발 부탁인데 형을 휠체어에 다시 앉혀주시면 안 될까요? 떨어지면서 많이 다친 것 같아요."

남자는 골목으로 가서 소년의 형을 부축해 휠체어에 앉혔다. 그리고 손수건으로 상처에서 흐르는 피를 닦아주었다. 이렇게 소년을 도와준 후 그는 집으로 돌아왔다. 집으로 오는 길에 그는 한 가지 다짐을 하게 된다. 차를 수리하지 않고 타기로 한 것이다. 왜 이런 결심을 했을까? 찌그러진 차는 앞만 보고 달리지 말고, 여유를 가지고 주위도

둘러보자는 다짐의 상징이었다.

어느 도로에는 이런 표지판이 있다고 한다. "천천히 가면서 풍경을 감상하세요." 이 도로는 유명 관광지로 가기 위해 반드시 지나가야만 하는 곳이었다. 안타까운 것은 빼어난 절경인 곳임에도 그곳을 주목하는 사람들이 없었다. 대부분의 관광객은 일정이 바빴고, 길에서 보내는 시간을 아깝게 생각했기 때문이다. 그런데 이 표지판이 설치되자 사람들은 도로 주변의 풍경을 보기 시작했고, 어느새 이 도로는 관광지보다 더 유명해졌다고 한다. 더욱 놀라운 것은 표지판을 설치한 후에 교통사고가 거의 일어나지 않았다는 점이다.

리처드 볼트는 오늘날의 우리는 인생을 세 단계로 구분해서 살아간다고 지적한다. 첫 번째 시기는 오로지 공부만 하고, 두 번째 시기는 무작정 일만 하고, 세 번째 시기는 은퇴 후에 쉬기만 한다는 것이다. 그는 삶의 조화와 균형을 회복하는 것이 중요하다고 강조한다. 현실을 반영한 통찰력이 있는 지적이다. 인간은 트랙 위를 달리는 경주마가 아니다. 미친 듯이 앞만 보고 달리다가 종착지의 흰 선만을 바라보며 사는 어리석음을 범해선 안 될 것이다. 주위의 사람들을 바라보며 그들과 함께 기뻐하고, 슬퍼할 줄 아는 우리가 되었으면 좋겠다.

> **THINK**
>
> 당신은 앞만 보고 달려가고 있지 않은가? 당신이 관심을 두고 돌봐야 할 사람이 있다면 누구이며, 그들을 위해 오늘 무엇을 해야 할지 생각해 보라.

4과 영적 성장 PLUS⁺
다섯째 날

땅딸보가 문제를 해결하다

블레인 스미스라는 목사님이 있다. 그에겐 밀튼 스미스라는 할아버지가 있었는데, 이 할아버지는 한때 워싱턴 DC에서 상당한 명성을 얻었던 경찰관이었다. 높은 지위에 있지는 않았지만, 사람들에게 사랑받는 경찰관이었다. 블레인 스미스는 자기 할아버지에 대해 연구했고, 할아버지가 이런 명성을 얻을 수 있었던 중요한 단서 한 가지를 발견하게 된다.

그의 할아버지에게는 별명이 있었는데 '땅딸보', '땅꼬마'와 같은 별명이었다. 이런 별명을 얻게 된 것은 그의 키가 매우 작았기 때문이었다. 그런데 집에 모아놓은 할아버지에 관한 신문 기사를 읽다 보니, 할아버지가 경찰관으로서 어떤 업적을 세웠을 때마다 '땅딸보가 문제를 해결하다' 혹은 '땅꼬마가 범인 2명을 체포하다'라는 제목의 기사가 실리곤 했다. '경찰관 누구누구가 이런저런 문제를 해결하다'라고 쓰면 좋은데, 꼭 별명을 사용해서 할아버지에 대한 기사를 쓴 것이었다.

여기서 블레인 스미스는 한 가지 중요한 사실 하나를 발견했다. 할아버지에게 키가 작다는 사실은 놀림거리가 되기도 하지만, 반드시 약점으로 작용하는 것은 아님을 알게 되었다. 오히려 작은 키가 문제를 해결했을 때 더 주목받는 요소로 작용한 것이었다. 약점이 오히려 강점이 될 수 있다는 사실을 깨달은 것이다.

우리는 모두 약점이 있다. 약점이 없는 완벽한 사람은 존재하지 않는다. 우리는 약점을 좋아하지 않는다. 나에게 약점이 없다면, 내가 더욱 멋지게 살아갈 수 있을 것이라는 기대도 한다. 하지만 블레인 스미스의 말처럼, 약점은 때로 우리를 더욱 빛나게 만드는 강점으로 사용될 수 있음을 기억해야 한다. 어려움과 약점을 극복한 사람에게만 존재하는 특별함이 있으며, 이 때문에 우리는 그 사람에게 더 많은 찬사를 보내게 된다.

하나님이 연약한 자를 즐겨 사용하시는 이유도 이 때문일 것이다. 연약한 자들은 자신의 연약함을 알기에 하나님을 더욱 의지하고자 한다. 또한 약하고 작은 자들은 세상이 주목하지 않는다. 세상은 그들을 신경 쓰지 않고 방치해 둔다. 그렇게 방치하다 보니 하나님이 약한 자, 작은 자를 사용하실 때 세상이 더욱더 감당하지 못하는 것이다. 오늘날 연약함 안에 숨겨진 강함을 보지 못하는 경우가 점점 늘어나는 것이 안타깝다.

우리의 약점이 오히려 우리를 빛나게 하는 강점이 될 수 있음을 기억했으면 한다. 약한 자, 작은 자를 통해 일하시는 하나님을 바라봄으로, 어려움과 부족함 가운데서도 믿음의 길을 걸어가는 모든 우리가 되었으면 좋겠다.

당신은 자신과 다른 사람의 약점을 바라볼 때 어떤 생각이 드는가? 연약한 마음으로 하나님만을 의지할 때, 이런 약점에도 우리를 더욱더 아름답게 사용하실 것이라는 믿음이 있는가?

5과

세상으로 보내시는 하나님

5과
세상으로 보내시는 하나님

주제 성구 마태복음 5장 16절

"이같이 너희 빛이 사람 앞에 비치게 하여 그들로 너희 착한 행실을 보고 하늘에 계신 너희 아버지께 영광을 돌리게 하라."

다루는 내용

- 세상 속에서 그리스도인이 가져야 할 정체성은 무엇인지 배운다(1-3번).
- 세상 속에서 구별된 존재로 살아가기 위해 어떤 노력이 필요한지 배운다 (4-6번).
- 세상에 보냄 받은 자로서의 소명을 이해하고 소명을 어떻게 이루어갈지 배운다(7-8번).

이야기 다섯, 다니엘

다니엘 1장 8-20절

8 다니엘은 뜻을 정하여 왕의 음식과 그가 마시는 포도주로 자기를 더럽히지 아니하리라 하고 자기를 더럽히지 아니하도록 환관장에게 구하니

9 하나님이 다니엘로 하여금 환관장에게 은혜와 긍휼을 얻게 하신지라

10 환관장이 다니엘에게 이르되 내가 내 주 왕을 두려워하노라 그가 너희 먹을 것과 너희 마실 것을 지정하셨거늘 너희의 얼굴이 초췌하여 같은 또래의 소년들만 못한 것을 그가 보게 할 것이 무엇이냐 그렇게 되면 너희 때문에 내 머리가 왕 앞에서 위태롭게 되리라 하니라

11 환관장이 다니엘과 하나냐와 미사엘과 아사랴를 감독하게 한 자에게 다니엘이 말하되

12 청하오니 당신의 종들을 열흘 동안 시험하여 채식을 주어 먹게 하고 물을 주어 마시게 한 후에

13 당신 앞에서 우리의 얼굴과 왕의 음식을 먹는 소년들의 얼굴을 비교하여 보아서 당신이 보는 대로 종들에게 행하소서 하매

14 그가 그들의 말을 따라 열흘 동안 시험하더니

15 열흘 후에 그들의 얼굴이 더욱 아름답고 살이 더욱 윤택하여 왕의 음식을 먹는 다른 소년들보다 더 좋아 보인지라

16 그리하여 감독하는 자가 그들에게 지정된 음식과 마실 포도주를 제하고 채식을 주니라

17 하나님이 이 네 소년에게 학문을 주시고 모든 서적을 깨닫게 하시고 지혜를 주셨으니 다니엘은 또 모든 환상과 꿈을 깨달아 알더라

18 왕이 말한 대로 그들을 불러들일 기한이 찼으므로 환관장이 그들을 느부갓네살 앞으로 데리고 가니

19 왕이 그들과 말하여 보매 무리 중에 다니엘과 하나냐와 미사엘과 아사랴와 같은 자가 없으므로 그들을 왕 앞에 서게 하고

20 왕이 그들에게 모든 일을 묻는 중에 그 지혜와 총명이 온 나라 박수와 술객보다 십 배나 나은 줄을 아니라

아이스브레이크 † 나를 한 문장으로 소개한다면?

준비물: A5 용지, 필기구

"나를 한 문장으로 소개한다면, 나는 _____ 입니다."

각자 빈칸에 들어갈 말을 적게 한 후, 함께 나누어보자. 자기소개는 매우 중요하다. 왜냐하면 자기가 어떤 사람인지 가장 잘 아는 사람은 자신이기 때문이다. 동시에 자기소개에는 그 사람의 가치관, 목표, 정체성이 담겨 있다. 예를 들어, 자신을 두 아이의 아빠로 소개하는 사람은 가정을 가장 소중히 여기고 있음을 우리는 예측할 수 있다. 그렇기 때문에 자주 자신이 누구인지를 한 문장으로 정리해 보는 것은 도움이 된다. 왜냐하면 우리 삶의 방향과 정체성 확립에 도움을 주기 때문이다. 오늘은 세상 속에서 그리스도인이 어떻게 살아야 할지에 대해 배우게 된다. 무엇보다도 정체성의 소중함을 중심으로 이야기를 나누게 될 것이다.

마음의 문을 열며

오늘은 다니엘이라는 인물에 대해 배우게 됩니다. 다니엘은 어린 시절, 이스라엘이 바벨론에 의해 멸망하고, 포로로 잡혀가서 평생을 타지에서 살아야 했던 비극적인 인물이었습니다. 하지만 다니엘은 바벨론에서도 하나님을 섬기며 빛과 소금의 역할을 감당했습니다. 이런 점에서 다니엘은 바벨론과 같은 세상 속에서 살아가는 우리의 모범이 됩니다. 이 시간 다니엘의 이야기를 통해 믿는 자로서 세상 속에서 어떻게 살아야 할지에 대해 배워봅시다.

🔊 오늘은 무엇에 대해 배우게 되는가?

오늘은 구약 시대에 활약했던 인물 중 한 명인 다니엘에 대해 배우게 된다. 그럼 왜 다니엘에 대해 배워야 하는가? 다니엘은 어린 시절, 조국 이스라엘이 바벨론에 의해 멸망하고 포로로 잡혀가서 평생을 바벨론에서 보내야만 했다. 하지만 그는 바벨론에서도 하나님 백성으로서의 신앙을 지키고 세상과 구별된 삶을 살았다. 이런 점에서 다니엘의 삶은 세상을 살아가는 믿는 성도들에게 본보기가 된다고 할 수 있다. 왜냐하면 우리 역시 바벨론과 같은 세상에서 살아가기 때문이다. 다니엘의 모습을 통해 세상 속에서 그리스도인으로 구별되고 영향력을 미치며 살 방법을 배워보도록 하자.

말씀의 씨를 뿌리며

그리스도인의 정체성

1 바벨론으로 사로잡혀 간 다니엘과 세 친구에게는 어떤 일이 있었습니까? 여기서 알 수 있는 사실은 무엇입니까? (다니엘 1:7)

> **다니엘 1:7** 환관장이 그들의 이름을 고쳐 다니엘은 벨드사살이라 하고 하나냐는 사드락이라 하고 미사엘은 메삭이라 하고 아사랴는 아벳느고라 하였더라

🔊 다니엘 1장 7절에서는 무엇이라고 말하는가?

다니엘은 친구들과 함께 바벨론의 포로가 되어 끌려가게 되었다. 당시는 바벨론이 급성장하는 시기였다. 바벨론은 점령한 모든 지역을 자국민이 통치할 수 없었고, 점령지에서 똑똑한 인재들을 뽑아 바벨론의 문화를 가르친 후 관료로 삼고자 하였다. 인재들을 데려와서 좋은 음식, 교육, 환경을 제공하며 바벨론 사람으로 만들고자 한 것이다.

특히 7절을 보면 그 이름을 바꾸어주었다고 말한다. 성경에서 이름은 단순한 호칭을 넘어 한 사람의 정체성을 나타내는 표현이다. 바벨론은 이름을 바꿈으로 그들의 정체성을 바꾸려고 한 것이다. 이런 의도로 다니엘(하나님이 나의 재판관이시다)을 벨드사살(신이 그의 생명을 보호하리라)으로, 하나냐

(여호와가 자비를 베푸시다)를 사드락(아쿠의 명령)으로, 미사엘(누가 하나님과 같은가)을 메삭(누가 아쿠와 같은가)으로, 아사랴(여호와는 나의 도움이시다)를 아벳느고(나부의 종)로 바꾸었다. 새롭게 바뀐 이름에는 이방 신들의 이름이 들어가 있었는데 바벨론은 이를 통해 다니엘과 세 친구가 믿던 종교를 버리고 바벨론의 종교와 사상 문화, 철학을 받아들이도록 하려 한 것이다.

🔊 그럼 이러한 바벨론의 의도에 대해 다니엘과 그 친구들은 어떻게 반응했는지 2번 문제를 통해 살펴보자.

---

2 바벨론은 포로로 잡혀 온 다니엘과 세 친구의 이름을 바꾸었습니다. 이를 통해 하나님의 백성이라는 정체성을 잃어버리게 만들고자 했습니다. 이런 상황 속에서 다니엘과 세 친구는 어떤 결단을 내리게 됩니까? (8절)

> 8 다니엘은 뜻을 정하여 왕의 음식과 그가 마시는 포도주로 자기를 더럽히지 아니하리라 하고 자기를 더럽히지 아니하도록 환관장에게 구하니

🔊 8절에서는 무엇이라고 말하는가?

8절에서 다니엘은 뜻을 정하여 왕의 음식과 포도주를 먹지 않았다고 말한다. 그럼 왜 다니엘은 왕의 음식과 포도주를 거부했을까? 왕의 음식과 포도주는 우상에게 드려진 음식(이방 신들을 섬길 때 사용된 제사 음식)이기 때문에 거부한 것이다. 물론 왕실에서 제공되는 모든 음식이 제사 때 사용된 것은 아니지만, 어떤 음식이 제사 음식인지 확인할 수 없기에 모든 음식을 거부한 것이다.

그렇다면 왜 이렇게 음식과 포도주가 중요했을까? 이는 단순히 음식의 문

제가 아니다. 바벨론은 다니엘이 하나님의 백성이라는 정체성을 잊고, 바벨론 사람처럼 살도록 만들고자 했다. 다니엘과 세 친구는 그에 대항하여 하나님의 백성으로 살겠다는 의지의 표현이자 신앙고백의 차원에서 음식을 거부한 것이다. 내 생명의 주관자가 바벨론의 왕이나 왕이 섬기는 신이 아닌, 하나님이심을 행위로 고백한 것이다.

🔊 이런 다니엘과 친구들의 반응을 보면서 당신은 무엇을 느끼는가? 3번 문제를 보라.

---

3 배는 물 안에 있어야 하지만, 배 안에 물이 있으면 가라앉게 됩니다. 그리스도인인 우리 역시 세상 속에서 살아가야 하지만, 세상과 똑같이 된다면 그 빛을 잃어버리게 됩니다. 당신은 이 사실에 대해 어떻게 생각하십니까?

🔊 각자 이야기를 나누어보라.

우리가 세상을 살면서 가장 먼저 직면하는 도전은 바로 정체성의 문제다. 바벨론이 그랬던 것처럼, 세상은 끊임없이 우리가 하나님의 백성이라는 정체성을 잊게 만든다. 왜 정체성을 잊게 하려는 것일까? 어둠은 빛이 없을 때는 어둠인 것이 드러나지 않는다. 하지만 빛이 들어오는 순간, 자신들이 어둠에 속해 있었음이 드러난다. 따라서 어둠은 빛을 싫어하는 것이다. 마찬가지로 성도들이 믿는 자의 정체성을 지키며 자신들과 구별되면 자신들이 어둠에 있다는 사실이 드러나기 때문에, 성도들도 자기와 똑같은 사람으로 만들려고 하는 것이다.

그렇다면 왜 정체성을 지키는 것이 중요할까? 그것은 정체성을 잃어버리는 순간 성도는 그 빛을 잃어버리기 때문이다. 배가 물 안에(위에) 있어야지, 물이 배 안에 있으면 안 된다. 그러면 배가 가라앉게 된다.

1950년대 미국 인디언 보호 구역에서는 유난히 마약과 알코올 중독, 폭력 문제가 빈번히 발생했다. 그 원인을 밝히기 위해 심리학자 에릭슨을 중심으로 모인 연구팀이 인디언 보호 구역으로 들어갔다. 에릭슨은 그곳에서 묘한 상황을 발견하게 된다. 인디언 아이들은 학교에서는 백인 교사의 가르침을 받으며 '인디언 짓'을 한다고 혼이 났다. 반면 그들이 집에 가면 인디언 부모들에게 '백인처럼 군다'라며 야단을 맞았다. 그 사이에서 아이들은 어떻게 해야 할지 몰라 허둥댔다. 학교에서든 집에서든 야단을 맞지 않으려면 끊임없이 자신을 부정해야 했다. 인디언과 백인의 어떤 색깔도 드리내지 말아야 했다. 그리던 중 아이들은 시시히 자신감을 잃었고, 자기 존재를 지워버리고 말았다. 자신의 정체성을 잃어버린 것이다. 정체성을 잃어버린 아이들에게 남은 것은 좌절감과 무력감뿐이었고, 그들은 결국 알코올과 마약, 폭력에 의존하게 되었다.

그만큼 정체성은 중요하다. 우리도 마찬가지다. 다니엘과 세 친구는 왜 정체성을 지키려고 노력했는가? 왜 우리는 정체성을 지켜야 하는가? 세상에서 정체성을 잃는 순간 삶의 열정과 희열을 잃어버리기 때문이다.

🔊 다니엘은 정체성을 지키기 위해 결단한 후 어떻게 행동했는지 4번 문제를 통해 살펴보자.

거룩을 위한 노력

4 다니엘은 바벨론에서도 하나님의 백성으로서의 정체성을 지키며 살고자 결단합니다. 그는 정체성을 지키기 위해 어떻게 행동했습니까? 여기서 배울 수 있는 점은 무엇입니까? (12-13절)

> 12 청하오니 당신의 종들을 열흘 동안 시험하여 채식을 주어 먹게 하고 물을 주어 마시게 한 후에 13 당신 앞에서 우리의 얼굴과 왕의 음식을 먹는 소년들의 얼굴을 비교하여 보아서 당신이 보는 대로 종들에게 행하소서 하매

🔊 12-13절에서는 무엇이라고 말하는가?

다니엘은 정체성을 지키기 위해 왕의 음식을 거부하기로 결단하지만, 무작정 본인의 결정을 선포하지 않았다. 다르게 말하면 완고하게 원칙만을 지키며 고집스럽게 행동하지 않았다. 오히려 지혜롭게 자신의 정한 뜻을 실천하고자 노력하였다. 그래서 환관장에게 열흘 동안 시험을 해보자고 제인한다. 왜일까? 기독교인의 삶의 원천은 사랑이기 때문이다. 다니엘은 자신으로 인해 환관장이 어려움에 부닥치길 원하지 않았던 것이다. 당시 왕 앞에 서는 자는 얼굴에 수심이 보여선 안 되었다. 왜냐하면 왕을 암살하려는 시도가 많았기 때문에 왕 앞에 선 자는 얼굴이 어둡거나, 의심스러운 모습을 보이지 못하도록 한 것이다. 이런 사실을 고려하여 다니엘은 환관장이 자신들의 행동으로 인해 어려운 상황에 처하거나, 그가 피해를 받는 상황을 원하지 않았다. 성경은 비둘기처럼 순결하고 뱀처럼 지혜로워야 한다고 말한다. 정체성을 철저히 지켜야 하지만, 그 방법에 있어서는 지혜로워야 한다. 왜냐하면 기독교는 사랑이기 때문이다. 세상의 지혜와 하

나님이 주시는 지혜의 차이는 방향에 있다. 세상의 지혜는 자신에게 굽지만, 기독교의 지혜는 다른 사람을 향하고 있어야 한다. 우리가 전하는 진리는 사랑의 옷을 입고 있을 때, 빛이 될 수 있다. 이러한 다니엘의 모습은 바벨론 같은 세상을 살아가는 우리에게 좋은 길잡이가 되어준다. 세상 속에서 정체성을 지키되, 사랑과 지혜로 나타내야 하는 것이다.

🔊 다니엘의 제안에 환관장이 어떻게 반응했는지 5번 문제를 통해 살펴보자.

5 다니엘이 하나님 백성의 정체성을 지키고자 하였을 때, 어떤 결과가 뒤따랐습니까? (9절, 15-16절, 17절, 20절)

> 9 하나님이 다니엘로 하여금 환관장에게 은혜와 긍휼을 얻게 하신지라

🔊 9절에서는 무엇이라고 말하는가?

환관장에게 은혜와 긍휼을 얻게 하셨다고 표현하고 있다. 사실 환관장의 입장에서는 다니엘의 제안을 거절할 수도 있었다. 하지만 그는 다니엘의 제안을 받아들인다. 그런데 이렇게 환관장이 제안을 받아들인 것은 하나님의 역사하심 때문이다. 하나님은 '조용한 통치자'이시다. 이는 하나님의 아름다우심을 보여준다. 하나님이 존재하지 않고, 역사하시지 않는 것처럼 보이는 순간에도 하나님은 언제나 은혜로 우리를 지켜주고 계신다. 이 세상은 하나님의 주권 아래에 있다. 우리가 하나님 백성의 정체성을 지키고 사랑과 섬김을 실천하려고 노력할 때 하나님은 때에 따라 필요한 은혜로 우리를 지켜주신다. 이 사실을 확신해야 한다. 물론 환관장과 달리 우리가 더 심하게 압박받고, 도전받는 경우도 있다. 실제로 다니엘도 그랬

다. 하지만 사자 굴과 같은 위험 속에서도 하나님은 자기 백성들을 지켜주셨다.

> 15 열흘 후에 그들의 얼굴이 더욱 아름답고 살이 더욱 윤택하여 왕의 음식을 먹는 다른 소년들보다 더 좋아 보인지라 16 그리하여 감독하는 자가 그들에게 지정된 음식과 마실 포도주를 제하고 채식을 주니라

> 17 하나님이 이 네 소년에게 학문을 주시고 모든 서적을 깨닫게 하시고 지혜를 주셨으니 다니엘은 또 모든 환상과 꿈을 깨달아 알더라 … 20 왕이 그들에게 모든 일을 묻는 중에 그 지혜와 총명이 온 나라 박수와 술객보다 십 배나 나은 줄을 아니라

🔊 **15-16, 17, 20절에서는 무엇이라고 말하는가?**

열흘 동안 채식을 했는데 더욱 얼굴이 좋아 보였다고 말한다. 자연적인 현상일 수도 있지만, 분명 이것은 하나님이 주신 특별한 은혜였다. 열흘의 시험 기간이 끝나자, 그 후에는 지정된 음식과 마실 포도주를 빼고 채식만을 하게 된다. 단순히 열흘만이 아니라, 이후 3년 동안 그들은 지속적으로 자신의 신앙을 지키기 위해 노력했다. 하나님의 백성으로서 정체성을 지키는 일은 오랜 시간 인내를 통해 이루어지는 것이다.

또한 얼굴색뿐만 아니라 하나님은 다니엘과 세 친구에게 지식과 학문을 주고, 모든 환상과 꿈을 깨달아 알 수 있게 해주셨다. 그리스도인의 손에는 성경과 신문이 필요하다. 신앙과 전문성은 우리가 추구해야 할 중요한 삶의 요소 가운데 두 가지이다. 하나님이 우리에게 주신 지혜와 능력으로 세상을 섬기고, 더욱 아름답게 만들어갈 책임이 있다. 이는 직업적 소명으로 나타날 수도 있고, 다른 사회 활동으로 나타날 수도 있다. 따라서 신앙과 전문성에서 모두 탁월성을 보이기 위해 노력해야 한다. 다만 중요한 것은

이러한 지혜와 능력 역시 하나님의 주권 아래 있다는 점이다. 우리의 지혜나 능력의 원천이 하나님에게 있음을 잊어서는 안 된다.

🔊 당신은 어떤가? 하나님의 주권을 온전히 인정하고 있는가? 6번 문제를 보라.

---

6 당시 이스라엘은 바벨론에 의해 멸망하고 하나님의 성전 역시 파괴되었습니다. 바벨론 사람들은 하나님이 죽었다며 이스라엘 사람을 조롱했을 것입니다. 그럼에도 하나님이 바벨론에서 다니엘과 세 친구를 지키시고 돌보시는 모습을 보게 됩니다. 이 사실이 당신에게 주는 교훈은 무엇이라고 생각하십니까?

🔊 각자 이야기를 나누어보라.

'이신론'이라는 신을 바라보는 관점이 있다. 이는 신이 세상을 지으신 후 세상이 법칙에 따라 움직이도록 내버려 두신다고 보는 것이다. 하지만 기독교가 말하는 하나님은 그렇지 않다. 하나님은 이 세상을 지으셨을 뿐만 아니라 지금도 다스리시며 통치하고 계신다. 때로는 하나님이 보이지 않고, 역사하시지 않는 것 같은 현실을 맞이할 때가 있다. 다니엘 역시 그랬다. 당시는 국가 간의 전쟁을 신들의 대리전으로 여겼다. 따라서 이스라엘이 패망한 것은 이스라엘이 섬기는 하나님이 패하신 것처럼 보였다. 하지만 그렇지 않다. 바벨론 땅에서도 여전히 하나님은 살아 계셔서 역사하심을 볼 수 있다. 우리도 마찬가지다. 하나님은 교회에만 있는 하나님이 아니다. 우리가 살아가는 세상 속에서도 여전히 살아 역사하신다. 이 사실을 믿는가? 믿는다면 우리에게 어떤 변화가 일어나야 할까?

무엇보다도 하나님을 신뢰할 수 있어야 한다. 이 세상 역시 하나님의 주권 아래 있음을 기억하고 하나님의 백성으로서 당당하게 세상을 살아가야 한다. 또한 최선의 노력을 해야 한다. 씨를 뿌리면 반드시 열매 맺게 될 것이라고 믿는 사람과 그렇지 않은 사람 가운데 누가 더 열심히 씨를 뿌리겠는가. 눈물로 씨 뿌린 자를 기쁨으로 거두게 하시는 하나님의 주권을 믿는다면, 우리는 매 순간 모든 삶의 영역에서 최선의 삶을 살려고 노력해야 한다.

전라남도 해남의 어느 섬에 한 소년이 있었다. 이 소년은 책 읽기를 좋아하고 공부도 잘했지만, 너무 가난하여 중학교에 갈 수 없었다. 초등학교를 졸업하고 아버지를 따라 지게를 지고 풀도 베며 2년이란 시간을 보내지만, 시간이 지날수록 배우고 싶은 열정을 억누를 길이 없었다. 중학교에 가고 싶었지만, 섬에는 중학교가 없어 육지로 나가야 했다. 그런데 가정 형편이 허락하지 않았다. 소년은 세 살 때부터 어머니를 따라 교회를 다녔지만, 하나님은 멀리 있는 것 같았다. 그러던 소년은 열다섯 살이 되던 해, 여름 성경학교에서 은혜를 받았다. 하나님의 감동으로 이 소년은 하나님께 편지를 썼다. "하나님, 저는 중학교에 가고 싶습니다. 하지만 집이 가난해 갈 수가 없습니다. 저를 중학교에 보내주십시오. 굶어도 좋고 머슴살이를 해도 좋습니다. 제발 중학교에 보내주십시오."

자신의 주소는 적었지만, 하나님의 주소는 알 길이 없었다. 그래서 봉투에 큰 글씨로 '하나님 전 상서'라 적어 우체통에 넣었다. 이 편지를 본 집배원은 고민하다가 이 편지를 하나님과 제일 가까운 사람에게 전해주는 것이 좋겠다고 생각했다. 그래서 편지를 당시 해남읍교회 목사님께 전해주었다. 목사님은 소년을 찾아 교회 장학금으로 학교에 보내주었다. 중, 고등학교를 우등생으로 마친 소년은 1962년 한국신학대학에 수석으로 입학하였다. 그 뒤 스위스 바젤 대학교로 유학하여 박사학위를 받고, 귀국 후 한국신학대학교 교수로 부임하여 지난 2000년에 총장에 취임하였다. 이 소년이 바로 한국 신학계의 석학 오영석 박사다. 그날에 쓴 편지 한 통이 자신의 운명을 바꾸어놓았다고 그는 고백한다.

물론 우리가 하나님에게 손 편지를 쓴다고 해서 편지 내용이 당장 그대로 이루어지지는 않을 것이다. 그래서 이 소년의 이야기는 우연한 결과고, 나와 무관한 이야기처럼 느껴질 수도 있다. 다만 그날에 이 소년이 편지를 쓰지 않았다면, 그는 하나님이 주신 은혜와 도우심을 맛보지 못했을 것이다. 그리고 이것이 하나님의 일하는 방식이다. 세상의 눈으로는 하나님이 계시지 않은 것처럼 보일지 몰라도, 하나님은 지금도 여전히 우리를 돌보며 일하고 계시다.

그런데 우리가 세상 속에서 구별된 삶을 살기 위해서 꼭 필요한 것이 있다. 7번 문제를 보라.

소명을 이루는 삶

7 하나님은 우리가 예수님을 믿는 순간 우리를 천국으로 데려가지 않으십니다. 그리고 이 땅에 남겨두십니다. 하나님이 우리를 이 땅에 남겨두신 이유는 무엇이라고 생각하십니까? (요한복음 20:21, 참고 마태복음 20:28, 마태복음 5:13-14)

> **요한복음 20:21** 예수께서 또 이르시되 너희에게 평강이 있을지어다 아버지께서 나를 보내신 것 같이 나도 너희를 보내노라

> 참고 **마태복음 20:28** 인자가 온 것은 섬김을 받으려 함이 아니라 도리어 섬기려 하고 자기 목숨을 많은 사람의 대속물로 주려 함이니라

🔊 요한복음 20장 21절에서는 무엇이라고 말하는가?

부활하신 예수님이 제자들을 찾아와 당부하신 내용이다. 예수님은 하나님이 자신을 보내신 것같이 자신도 우리를 이 땅에 보냈다고 말씀하신다. 왜 우리가 예수님을 믿는 순간 우리를 천국으로 데려가지 않고, 이 땅에 남겨 두셨을까? 이 땅에서 우리가 해야 할 일이 있기 때문이다. 다르게 말하면 우리는 각자의 삶의 현장, 가정, 직장, 지역 사회에 보냄 받은 존재들이다. 그럼 왜 이곳에 보내신 것일까? 마태복음 5장 말씀을 보라.

> **마태복음 5:13-14** 13 너희는 세상의 소금이니 소금이 만일 그 맛을 잃으면 무엇으로 짜게 하리요 후에는 아무 쓸 데 없어 다만 밖에 버려져 사람에게 밟힐 뿐이니라 14 너희는 세상의 빛이라 산 위에 있는 동네가 숨겨지지 못할 것이요

🔊 마태복음 5장 13-14절에서는 무엇이라고 말하는가?

예수님은 우리가 세상의 소금과 빛이라고 말씀하신다. 무지와 무능, 사망에 빠진 어둠 속의 세상에 빛을 밝혀야 책임이 우리에게 있다. 그뿐만 아니라 부패한 세상을 썩지 않도록 해야 할 책임이 있는 것이다. 이 세상의 유일한 소망은 교회와 믿는 성도밖에 없다.

당신은 어떤가? 이런 소명 의식이 있는가? 우리가 세상에 보냄을 받은 자로서 빛과 소금의 역할을 감당해야 한다는 분명한 소명 의식이 있는가? 소명 의식이 있을 때, 우리는 어떤 상황과 형편 중에도 낙심하지 않을 수 있다. 우연히 이 땅에 던져져 살아간다고 생각하는 사람과 특별한 목적과

계획을 가지고 보냄을 받았다고 생각하는 사람은 전혀 다른 시각으로 세상과 삶을 바라보게 된다.

빅터 프랭클은 나치의 포로수용소에서 지낸 경험을 바탕으로 깨달은 것이 있는데, 그것은 바로 삶의 의미를 발견할 때 인간은 어떤 상황도 이겨낼 수 있다는 것이라 말한다. 우리가 삶의 기쁨을 잃어버리는 이유는 바로 이 삶의 의미, 목적과 소명을 잃어버렸기 때문이다.

🔊 세상 속에서 빛과 소금의 역할을 감당하기 위해 해야 할 일이 있다. 8번 문제를 보라.

8 세상에서 하나님의 영광을 나타내기 위해서 우리가 해야 할 일은 무엇인지 다음의 구절들을 가지고 확인해 보십시오. (에베소서 6:19-20, 마태복음 5:16)

> **에베소서 6:19-20** 19 또 나를 위하여 구할 것은 내게 말씀을 주사 나로 입을 열어 복음의 비밀을 담대히 알리게 하옵소서 할 것이니 20 이 일을 위하여 내가 쇠사슬에 매인 사신이 된 것은 나로 이 일에 당연히 할 말을 담대히 하게 하려 하심이라

🔊 에베소서 6장 19-20절에서는 무엇이라고 말하는가?

바울은 입을 열어 복음의 비밀을 담대히 알리게 해달라고 말한다. 그리고 이를 위해서 자신이 감옥에 갇힌 것조차 유익하다고 고백한다. 바울은 자기 삶을 하나님이 주신 소명으로 끊임없이 재해석했다. 그렇기 때문에 어떤 상황 속에서도 낙심하지 않을 수 있었다. 우리도 마찬가지다. 우리 역시 바울처럼 분명한 소명 의식을 가져야 한다. 그뿐만 아니라 입을 열어 복음

을 전해야 한다. 우리는 세상의 빛이다. 우리가 해야 할 일은 입을 열어 빛 되신 하나님을 세상에 전하는 것이다.

> **마태복음 5:16** 이같이 너희 빛이 사람 앞에 비치게 하여 그들로 너희 착한 행실을 보고 하늘에 계신 너희 아버지께 영광을 돌리게 하라

🔊 마태복음 5장 16절에서는 무엇이라고 말하는가?

우리의 행실을 통해 하나님께 영광을 돌리라고 말한다. 우리는 입으로 복음을 전할 뿐만 아니라, 삶을 통해 그리스도를 증거해야 한다. 이 둘의 균형은 매우 중요하다. 당신은 이 사실을 인식하고 있는가? 그리고 당신의 삶은 이 두 가지에 대해 균형 잡혀 있는지 점검해 보라. 한때 한국 교회는 복음을 전하는 열심은 컸지만 그에 걸맞은 삶의 모습을 보이지 못함으로 신뢰를 잃었고, 우리가 전하는 복음의 빛이 바랬다. 반대로 열심히 섬김의 삶을 살았지만 입을 열어 복음을 전하는 것을 게을리하는 경우도 있다. 복음 안에 담긴 진리를 전하지 않는다면, 선한 행실이 참된 생명으로 사람들을 이끌 수 없다.

🔊 '삶의 열매를 거두며'를 보라.

삶의 열매를 거두며

다니엘이 바벨론에서 보낸 세월은 깊은 상처와 아픔으로 얼룩진 시간이었을 것입니다. 그럼에도 다니엘은 소망을 잃지 않고 믿음을 지켰습니다. 바벨론과 같은 세상 속에서 다니엘처럼 하나님의 영광을 나타내는 삶을 살기 위해 당신이 해야 할 일은 무엇인지 정리해 보십시오.

🔊 각자 가정, 직장, 지역 사회 영역으로 나누어서 자신이 해야 할 일을 정리한 후 나누어보라.

- 가정

- 직장

- 지역 사회

5과 영적 성장 PLUS⁺
첫째 날

우리의 남은 날들도

스기하라 치우네라는 사람이 있었다. 일본의 전통 사무라이 집안에서 태어나 예수님을 믿게 된 그는, 기도 중에 외국 대사가 되어 복음을 열방에 전하라는 소명을 받는다. 이를 위해 기도하던 중 1903년에 리투아니아의 총영사로 임명받게 되었고, 그곳에서 그는 인생의 큰 반전을 맞게 된다.

어느 날 아침 그의 집무실 뜰에는 나치의 추격을 피해 도망친 2-3백 명의 유대인들이 모여들었다. 두려움에 가득 차 있었던 그들은 모두 일본 비자 발급을 간절히 원했다. 일본 비자만 있으면 다른 나라로 피신할 수 있기 때문이었다. 그런데 이들에게 비자를 발급해 주기 위해서는 일본 중앙 정부의 허가가 필요했다. 그는 즉시 도쿄에 전문을 보내서 발급 허가를 요청했지만, 중앙 정부는 요청을 세 번이나 거절한다.

하지만 그는 하나님이 유대인들을 구하기를 원하신다는 분명한 확신을 가졌고, 유대인들에게 비자를 발급해 주었다. 소련의 퇴거 명령으로 영사관이 폐쇄되고 리투아니아를 떠나기까지 그는 28일간 온종일

비자를 발급했다. 그가 발급한 비자는 2,000여 장이 넘고, 이 비자로 리투아니아를 떠난 유대인을 6,000여 명으로 추산하기도 한다. 비자를 받은 유대인들은 비자 덕분에 목숨을 구할 수 있었다.

물론, 이로 인해 스기하라와 그의 가족은 많은 어려움을 당했다. 하지만 후일 이스라엘이 예루살렘 근교에 유대인 학살 기념관 '야드 바셈'을 건립할 때, 이스라엘의 은인으로 치우네 가족을 초청하게 된다. 그리고 당시의 결정에 대해 후회가 없었냐는 어느 유대인 기자의 질문에 스기하라의 아들은 이렇게 답했다.

"살아 계신 하나님이 저희 아버지께 말씀하셨고, 아버지와 저희는 기꺼이 순종했을 따름입니다. 아무런 후회가 없습니다. 우리를 통해 당신들을 인도하신 살아 계신 하나님이 또한 우리의 남은 날도 인도하실 것을 믿고 있기 때문입니다."

결코 쉬운 선택이 아니었을 것이다. 그럼에도 그들은 순종했다. 왜냐하면 살아 계신 하나님이 자신의 남은 생도 인도하실 것을 믿었기 때문이다. 그 결과 어떻게 되었는가? 그들을 통해 놀라운 일들을 하나님이 이루셨다.

> **THINK**
>
> 세상 속에서 살아갈 때, 하나님이 우리의 인생길을 인도하신다고 믿는가? 하나님의 인도하심을 신뢰함으로 오늘 당신이 실천해야 할 선한 일은 무엇이라고 생각하는가?

5과 영적 성장 PLUS⁺
둘째 날

니글의 이파리

J. R. R. 톨킨이라는 작가가 있다. 그가 쓴 『반지의 제왕』은 C. S. 루이스가 쓴 『나니아 연대기』와 더불어 서양 고전 판타지의 정수로 꼽히는 작품으로, 시리즈 1권인 『반지 원정대』는 세계에서 가장 많이 팔린 책 2위이기도 하다. 영화로 제작되기도 한 『반지의 제왕』은 오늘날까지도 전 세계 많은 이의 사랑을 받고 있다. 톨킨은 『반지의 제왕』을 쓰는 도중에 「니글의 이파리」라는 단편 소설을 썼다.

이 이야기의 주인공은 니글이라는 이름의 화가다. 그에게는 꼭 그리고 싶은 그림이 하나 있었다. 바로 한 그루의 큰 나무를 그리고 싶었다. 그는 이파리 하나에서 시작하여 나무 전체의 이미지를 늘 마음에 품고 살았다. 나무 뒤쪽으로 펼쳐진 멋진 세계를 상상하며 꿈에 부풀었다. 다른 그림에는 흥미를 잃었고, 머릿속에 펼쳐진 환상을 담아내기 위해 사다리를 타고 올라 그림을 그려야 할 만큼 커다란 캔버스를 준비했다. 그의 바람은 죽기 전에 이 작품을 완성하는 것이었다.

하지만 좀처럼 진도가 나가지 않았다. 이유는 두 가지였다. 하나는 나무보다 잎에 더 공을 들였기 때문이다. 이파리 하나를 그리는데 지나치리만큼 오랜 시간과 노력을 쏟아부었다. 음영과 광택, 표면에 맺힌 이슬방울까지 그대로 그리려 온 힘을 쏟았다. 그러다 보니 커다란 캔버스의 상당 부분은 비어 있었다.

다른 하나는 따뜻한 마음 때문이었다. 이웃들이 부탁하는 일들을 처리하느라 니글은 그림에 집중할 수 없었다. 특히 이웃 남자 패리쉬는 그림에는 눈길조차 주지 않고 틈만 나면 찾아와 일을 부탁했다. 니글이라는 이름 뜻처럼 '쓸데없어 보이는 시시콜콜한 일에 시간을 낭비'하고 말았다.

어느 날 니글은 자신에게 시간이 얼마 남지 않았다는 것을 깨달았다. 그런 상황에서도 패리쉬는 아내가 아프니 빗방울이 떨어지는 차가운 거리를 달려가 의사를 불러달라고 성화를 부렸다. 부탁을 들어준 니글은 결국 독감에 걸려 고열에 시달렸다. 아픈 몸을 이끌고 어떻게든 그림을 끝내려고 버둥거리는데 죽음의 사자가 찾아왔다. 니글은 엉엉 울며 외쳤다. "제발, 아직 완성하지 못했단 말이에요!" 니글이 죽은 후, 그가 그리던 그림은 '잎사귀: 니글 작'이란 이름으로 사람들의 눈길조차 닿지 않는 마을 박물관 구석에 오래도록 걸려 있었다. 니글은 잊혔고, 그의 작품 또한 미완성으로 기껏해야 몇몇 사람들에게만 도움이 될 뿐이었다.

하지만 이야기는 여기서 끝나지 않는다. 세상을 떠난 니글은 하늘나라의 높은 산들로 가는 열차에 태워졌다. 니글에게는 두 가지 음성이 들려왔다. 아무것도 이룬 것 없이 인생을 낭비했다는 꾸짖음과 남을 위해 희생하는 삶을 살았다는 칭찬의 말이었다. 니글이 하늘나라 가장자리쯤 이르렀을 무렵, 마치 상급처럼 무언가가 눈길을 사로잡았다. 그리고 니글은 얼른 달려갔다. 그것은 바로 그가 완성하고자 했던 그림이었다. 비록 이파리 하나만을 그리고 죽음을 맞이했지만, 하늘 나라에서는 그 그림이 완성되어 있었던 것이다. 그것도 실물로 말이다. 니글은 나무를 바라보며 이렇게 말했다. "이건 선물이야."

이야기의 주인공 '니글'은 톨킨 자신이었다. 『반지의 제왕』 집필에 몰두했던 톨킨은 어느 순간 막다른 골목에 부닥쳤다. 그는 이전까지 세상이 보지 못했던 이야기를 써내겠다는 비전이 있었다. 하지만 거대한 서사의 일부를 완성하기도 전에 이미 지쳐 있었다. 게다가 2차 세계대전까지 터지면서 전생의 참상 가운데 글에 집중할 수 없었고, 작품을 완성하지 못할 것이라는 두려움과 허무함에 그는 사로잡혀 있었다.

니글은 우리 모두의 이야기이기도 하다. 우리는 누구나 꿈이 있었고, 사다리를 타고 올라갈 만한 커다란 캔버스 위에 그 꿈을 그리고자 했다. 하지만 현실은 니글의 이파리처럼 초라하고 하찮은 것들만 우리 인생에 남겨진 것처럼 느껴질 때가 있다. 삶 가운데 주어진 책임에 충실하다 보니, 정작 나 자신조차도 꿈을 잊어버린 것 같은 날들도 존재하는 것이 현실이다.

톨킨은 왜 이 소설을 썼을까? 자신의 작업이 아무리 초라해 보여도 무의미한 것이 아님을 자신에게 확신시켜 주기 위함이 아니었을까? 삶의 참된 가치와 평가는 무엇을 이루었느냐가 아니라, 무엇을 꿈꾸고 살았느냐로 결정된다는 사실을 보여주기 위함이 아닐까? 언젠가 우리 주님을 다시 만날 날, 주님이 어떤 꿈을 꾸었는지로 우리의 삶을 평가하시고, 우리가 꾼 꿈을 우리에게 선물로 주시지 않을까?

> **THINK**
>
> 당신은 하나님 앞에 섰을 때 어떤 꿈을 가지고 살았다고 고백할 수 있는가? 개인과 가정, 교회를 향한 당신의 꿈이 무엇인지 정리해 보라.

5과 영적 성장 PLUS⁺
셋째 날

감옥 창살 사이로

델마 톰슨이라는 여인은 2차 세계대전 중 한 육군 장교와 결혼했다. 결혼 후에는 남편을 따라 캘리포니아주 모하비 사막에 있는 육군 훈련소로 가게 된다. 남편과 가까이 있기 위해서 이사를 했지만, 사막의 모래바람으로 가득 찬 그곳에서의 삶은 참으로 고독했다. 남편은 훈련을 위해 나가고, 낮에는 기온이 섭씨 50도까지 올라갔다. 밤 기온은 0도에서 영하 10도까지 떨어졌다. 해수면보다 낮은 지역이기에 낮과 밤의 기온 차가 극심했다. 주변에는 말이 통하지 않는 멕시코인과 인디언 외에는 없었다.

그녀는 부모님께 신세를 한탄하는 편지를 썼다. 슬프고도 외롭고, 억울한 생각이 들었다. 도저히 견딜 수 없으니 나를 데리고 달라고, 짐을 꾸려서 집으로 돌아가겠다고, 여기서 사는 것보다 감옥에서 사는 게 편하겠다는 등의 수많은 불평을 적어서 편지를 보냈다. 그러자 아버지로부터 딱 두 줄의 답장이 왔다. "감옥 창살 사이로 밖을 바라보는 두 사람이 있었단다. 한 사람은 흙탕물을 보고, 한 사람은 반짝이는 별을 본단다."

편지를 읽고 처음에는 서운했지만, 어느 순간 깨달음이 찾아왔다. '그렇구나. 여기서도 새로운 삶이 주어질 수 있겠구나. 나는 그동안 무엇을 보고 살았는가?' 그런 다음에는 밤하늘을 보았다. 곧 쏟아질 것만 같은 아름다운 별빛이 그녀를 맞이해 주었다. 그리고 신기하게도 주변에 있는 인디언들에게 작은 관심을 가졌더니 그들이 관광객들에게도 팔지 않았던 골동품을 가져다주면서 사랑과 정을 나누어주기 시작했다.

이후 그녀는 사막의 다양한 식물을 연구하기 시작했다. 사막의 낙조를 바라보며 인생을 노래했다. 오래선에 이곳이 바다였다는 것을 증명하는 조개껍질 등을 찾아보기도 했다. 비참해 보였던 경험이 생애 가장 즐거운 모험으로 바뀐 것이다. 훗날 그녀는 당시의 경험을 바탕으로 『빛나는 성벽』이라는 소설을 썼고, 이 소설은 많은 이의 사랑을 받아 베스트셀러가 되었다.

인생에 있어 가장 중요한 요소 중 하나는 시선이다. 무엇을 바라보느냐에 따라 같은 환경 속에서도 전혀 다른 삶을 살게 되기 때문이다. 안타까운 점은 많은 이가 가진 것보다는 없는 것을, 긍정적인 것보다는 부정적인 것을, 소망보다는 절망을 보는 것에 익숙해져 있다는 점이다. 심지어 그것을 현명함으로 생각한다. 그 결과, 삶의 기쁨과 의지를 잃어버리고 세월을 낭비하는 경우가 많다.

우리는 하나님의 보내심을 받은 사람들이다. 우연히 이곳에 던져진 존재가 아니라, 특별한 목적과 계획을 가지고 하나님이 보내신 것이다. 비록 사막 한가운데 던져진 것처럼 느껴질지 몰라도, 이곳에서 이루어가야 할 아름답고 선하신 계획이 있기에 우리를 보내신 것임을 잊어서는 안 된다.

당신은 하나님의 보내심을 받은 그리스도의 제자임을 믿는가? 만약 당신이 보내심으로 받았다면, 하나님이 당신을 가정과 직장, 교회에 보내신 목적은 무엇이라고 생각하는가?

5과 영적 성장 PLUS⁺
넷째 날

해방될 줄 몰랐으니까

2015년에 개봉하여 천만 명 이상의 관객이 관람한 <암살>이라는 영화는 일제 강점기를 배경으로 대한민국 임시 정부의 친일파 암살 작전을 소재로 삼은 영화다. <암살>은 1932년 3월에 실제로 시도했던 조선 총독 우가키 가즈시게 암살 작전을 모티브로 제작되었다. 이 영화는 당대를 살았던 다양한 사람의 삶을 그리고 있는데, 그중 한 사람은 배우 이정재가 연기한 염석진이라는 인물이다.

극 중 염석진은 청년 시절부터 독립운동을 해왔던 사람이었고, 대한민국 경무국 대장이었다. 하지만 불행하게도 염석진은 변절하고 자기 동료들을 배신한다. 앞에서는 독립운동가인 것처럼 활동하지만, 뒤로는 일본에 독립운동가의 작전과 명단을 넘기는 일본의 밀정 노릇을 한 것이다. 그로 인해 독립군의 작전은 차질을 빚게 되고, 많은 희생을 겪어야 했다.

영화의 마지막 장면에서 염석진은 배우 전지현이 연기한 독립운동가 안옥윤의 손에 의해 죽임을 당하게 된다. 그때 안옥윤은 염석진에게 "왜 동료들을 팔았냐?"라고 묻는다. 한때 나라를 위해 함께 목숨을 걸고 독립운동을 했던 사이였기에 그녀는 안타까운 마음으로, 그리고 죽어간 동료들에 대해 미안함과 원망스러움을 담아 이 질문을 했을 것이다. 이 질문에 대해 염석진은 짧지만 정확하게 그 이유를 설명한다. "몰랐으니까. 해방될 줄 몰랐으니까." 해방될 줄 알았다면 다른 선택을 했을 것이라는 말이다.

이 땅을 살다 보면, 오늘의 삶의 문제들에 쫓겨 인생의 끝자락에 무엇이 우릴 기다리는지 잊고 살아가는 경우가 많다. 마치 열심히 액셀러레이터를 밟으며 앞으로 나가지만, 이 길이 어디로 가는지조차 모른 채 달려가는 것이다. 물론 이 땅에서 우리는 우리에게 주어진 삶을 열심히 살아야 하고, 오늘 내 삶의 문제들을 해결하기 위해 노력해야 한다. 다만 우리가 어디로 가고 있으며, 그 끝에 무엇이 기다리는지 잊지 않았으면 좋겠다. 왜냐하면 영화 속 염석진이라는 인물처럼 후회하게 될지 모르기 때문이다.

이 영화에서 또 한 가지 인상적인 장면은 독립군 간의 대화였다. 후배 독립군이 "몇 명이나 더 죽여야 독립이 될까요?"라고 묻는다. 이는 당연한 질문일지 모른다. 눈앞에 보이는 사람들 몇 명을 죽인다고 해서 독립이 될 것 같지 않은 현실이기 때문이다. 그때 선배 독립군이 이렇게 답한다. "알려줘야죠. 우리가 끝까지 싸우고 있다는 사실을 알려줘야죠." 독립이 언제 이루어질지 모르지만, 독립을 위해 싸우고 있다는 사실을 사람들에게 알려주어야 한다는 것이다.

언제 하나님 나라가 이 땅에 도래할지 우리 역시 알 수 없다. 다만 이 땅에서의 삶이 전부가 아니고, 우리에게는 영원한 삶과 하나님 나라가 기다리고 있음을 기억하고 전하는 것, 이것이 우리가 이 땅에서 해야 할 일이 아닐까 한다. 그리고 이러한 노력이 헛되지 않은 것은 하나님 나라는 반드시 도래할 것이기 때문이다.

> **THINK**
>
> 당신은 이 땅에서의 삶이 전부가 아니며, 영원한 삶과 하나님 나라가 우리를 기다리고 있음을 믿는가? 하나님 앞에 섰을 때 칭찬받기 위해 오늘 당신이 집중해야 할 일은 무엇이라고 생각하는가?

5과 영적 성장 PLUS⁺
다섯째 날

눈물로 씨 뿌리는 자는

유계준이라는 사람이 있다. 그는 1879년 평안남도 안주군에서 태어났다. 부유한 가정에서 자랐지만, 아버지가 알지 못하는 병에 걸려 약값으로 재산을 탕진했다. 그 후 아버지마저 돌아가시고 나자, 청소년 때 평양으로 가게 되었고 청일전쟁 이후로는 미림리라는 곳으로 거처를 옮겼다. 소금 장삿집에 취직하여 일하던 그를 주인이 눈여겨보고는 자기 딸과 결혼을 시키고 장사를 물려주었다. 생활이 안정되고 사업이 잘되자 그는 도리어 삶에 회의가 들게 된다. 그때부터 그는 술을 마시고 시장을 휘젓고 다니면서 깡패처럼 살았다.

어느 날 그는 시장에서 마포삼열 선교사의 조사였던 한석진과 제임스 홀 선교사의 조사였던 김창식이 복음을 전하는 모습을 보고 그들을 관가에 고발했다. 결국 이 두 사람이 참수형에 처하게 되어 목에 칼이 닿으려는 절체절명의 순간, 이 소식을 들은 마포삼열 선교사가 고종 황제의 어명을 가져온 덕분에 두 사람은 살아나게 된다.

죽을 고비를 넘긴 한석진과 김창식 두 사람은 또다시 시장을 다니면서 복음을 전했다. "나는 복음을 전하다가 목이 잘릴 뻔했던 사람입니다!" 그 자리에 있었던 유계준은 분명히 죽었어야 할 사람들이 살아서 복음을 전하는 모습을 보고는 정신이 번쩍 들었다. 그때 그는 그들이 나눠준 전도지를 보고 복음을 받아들였다. 그리고 자기가 죄인이라는 사실을 깨닫고 예수를 믿게 된다. 그는 마포삼열 선교사에게 가서 "제가 관가에 고발한 바로 그 사람입니다"라고 고백하며 회개했다. 이후 그는 산정현교회에서 신앙생활을 하였고 교회 장로로 세워졌다.

그러던 중 1938년 9월 장로교 총회에서 신사 참배를 결의했고, 산정현교회의 주기철 목사는 신사 참배를 거부했다. 교회가 박해를 받기 시작했고, 주기철 목사는 옥살이를 했다. 무려 5년 4개월 동안 옥살이를 한 주기철 목사를 유계준 장로가 개인 재산을 털어서 섬겼고, 후에 주기철 목사의 장례식도 치러드렸다. 그리고 교회는 해방될 때까지 신사 참배를 반대했다.

해방 후에는 공산당이 들이닥쳐 교회 건물을 쓰겠다고 위협했다. 교회는 반항했지만, 결국 교회 건물을 빼앗기게 되었다. 그러자 그는 자기 집을 교회로 내놓고 예배를 드렸다. 1950년 6·25전쟁이 터지자 아내와 8남매를 남한으로 내려보내고, 그는 교회를 지켰다. 그리고 그해 10월 공산당의 손에 조만식, 오윤선 장로와 함께 순교를 당하게 된다.

교회를 헌신적으로 섬겼지만, 결국 8남매만 데리고 남한으로 내려온 부인 윤덕준 권사의 심정은 어땠을까? 하나님이 원망스럽지 않았을까? 그런데 유계준 장로의 이야기는 여기서 끝이 아니다. 훗날의 모습을 보면, 하나님이 그 자녀들을 친히 인도하셨음을 알 수 있다. 1970년 통계를 기준으로 유계준 장로의 가정에는 박사가 153명, 장로가 30명이나 배출되었다고 한다.

눈앞에 보이는 현실이 전부이자 마지막은 아니다. 당장은 희미하고 어둡지만, 하나님은 당신의 백성들이 흘린 눈물과 땀을 기억하시고 모두 열매 맺게 하실 것이다.

> **THINK**
>
> 당신은 하나님이 우리가 흘린 눈물과 땀을 보시고 반드시 열매 맺게 하실 분이라는 사실을 믿는가? 이런 믿음을 가지고 오늘 당신이 세상에서 행해야 할 일은 무엇이라고 생각하는가?